통기타 · 건반 쉽게 연주할 수 있는 노래

나만의 발라드

일신서적출판사

🎤 차 례

인기 K-발라드

7080 발라드 명곡

Index(가나다 순)

가시

임선아 작사
윤우현 작곡
버 즈 노래

너 없 는 지금— 도 — 눈부 신하 늘과—

눈부시게웃—는사람들 —

나의헤어짐—을 — 모 르는세상은—

슬프도—록그대로인데 —

시간마 저데—려 가 지 못 하게 —
아픈만 큼너—를 잊 게 된 다면 —

나만은널보내—지못했 나—봐—
차라리잃고—나면그만 인—데—

가시처 럼깊—게 박힌—기 억은—
가시처 럼깊—게 박힌—기 억은—

아 파도— 아픈줄—모르 고
아 파도— 아픈줄—모르 고

그 대기억이 — 지 난사랑이 — 내

안 을 — 파고드 는 가 시 ——가되어 제 발가라고 —

아 주가라고 — 애 써 —도— 나를괴롭 히 는데 —

6

너무사랑했–던

나를　　　크게두려웠–던 나를　　　미치도록너–를

그리–워했던–　날　이제는–놓–아 줘　　보 이지않아–

내 안에숨어–　잊 으–려–하면할수 록 더 ––아파와

제 발가라고––　아 주가라 고–　애 써–도– 나를괴롭히 는데

––

거리에서

윤종신 작사
이근호, 윤종신 작곡
성시경 노래

니가없는거리에는 – 내가할일이없어서 – 마냥걷다걷다보면 – 추
막다른길다다러서 – 낯익은벽기대보면 – 가로등속환히비춰 – 지는 –

억을가끔마주치지 – 떠오르는너의모습 – 내 살아나는그리움한 – 번에 – 참
고백하는니가보여 – 떠오르는그때모습 – 내 살아나는설레임한 – 번에 – 참

잊기힘든사 람이 – 란걸 – 또 한번느껴지는하루 – 어디쯤에머무는지 – 또
잊기힘든순 간이 – 란걸 – 또 한번느껴지는하루 – 아직나를생각할지 – 또

어떻게살아가는지 – 걷 다보 – 면누 – 가말 – 해줄 것 같아
그녀도나를찾을지 – 걷 다보 – 면누 – 가말 – 해줄 것 같아

이거리가익숙했던 – 우리 발걸음이나란했던 – 그리 운날들 – 오늘 – 밤나 – 를찾

아 온다 널 그리는 널 부르는 내 하루는 – 애

태 워 – 도마 주 – 친 추 억이 – 반 가 – 워 날 부르는 목소 리에 돌

8

아보면   −   텅 빈 거−리 어 느새−수 많   − 은니−모 습

− 만   가 득해 −

부풀은내−가슴이−   밤 하늘에외−쳐본다 −   이거 리는널−   기 다린−다

−고   −   널   그 리는 널 부르는 내하

− 루는−   애 태 워− 도 마 주− 친 추 억이− 반 가 −워 날

부르는 목 소리에 돌아 − 보면−   텅 빈 거− 리어 느새−수 많

− 은니−모 습− 만   가 득해 −

거짓말 거짓말 거짓말

이 적 작사 · 작곡
이 적 노래

그대말 – 을　　철 석같– 이믿– 었었– 는데 –　　우우
그대말 – 을　　철 석같– 이믿– 었었– 는데 –　　우우

우 – – –　　찬 바람– 에 길 은얼– 어붙 – 고 –　　우–
우 – – –　　찬 바람– 에 길 은얼– 어붙 – 고 –　　우–
아 – – –　　라 리라– 라 라 리르– 르라 – 라 –　　워–

우 – – –　　나도 새 하얗– 게얼– 어버– 렸　네
우 – – –　　철 석같– 이믿– 었었– 는

– –우 – – – – –　　나도 새 하얗– 게얼– 어버– 렸

네

우우 데　　우우 –

나나 워 워 – – –　　워 – – –우 – – – – – 거짓

말 거짓말 거짓 말

11

걱정말아요 그대

전인권 작사 · 작곡
이 적 노래

겁쟁이

최갑원 작사
고석영 작곡
버 즈 노래

미안합니다– 고작나란사람이– 당신을미친듯사랑 합니다–

기 다 립 니다– – 잘 난 것 하 나 없 는데– 염 치없– 이 당 신을– 원
미 안 합 니다– – 미 련 한 미 련 때 문에– 내 손으– 로 당 신을– 못

합니다– 세상을 – 더 헤 매 어 봐도 – 눈 을 더크게뜨고
놉니다– 내눈에 – 당 신 이박 혀서 – 다 른 무엇도볼수

찾아도– 당신은 – 단하 나란걸 알 아서 내 가 꼭 갖고싶–지만
없어서– 가슴에 – 옮겨 와달라 는 말도 이 젠 해 보고싶–지만

– 날사랑 해 줘요– –날울리 지 마요– –숨쉬는 것보다–더잦–은이말
–

하 나 도 자신 있게못하는– 늘 숨어만있는– 나 는 겁쟁이랍–니

다

다――― 조금 씩 커져가는사―랑 ―은 ― 한번 씩 나도몰래새―어

나 와서― 길을 잃은아이처 럼 울고보―채도― 터진내맘은모르겠

죠 눈을감 지마요― ―나를바 라봐요― ― 당신의

귓 가에― 다가― 가 말 하 려 해 도 당신 앞 에 설 때 면 뒷

걸음만― 치는― 그저 난 겁 쟁이랍―니 다 그대 만 나는기다립

니 다

고해

채정은 작사
송재준, 임재범 작곡
임재범 노래

어찌–합 –니– –까 –　　어떻게 –할 까요 –　　감히

제가 감–히　　그–녀를–　　사랑 – 합 니다 –

조용히 나조차 –　　나조차 – 도모 르게 –　　잊

은 –척–　　산 – 다는건 –　　살아도　죽은 겁 – 니– 다–

세상–에–비 – –난 –도––　미쳐보일– 모 –습–도–––– – 모두

다–　알지 만　그게두–렵 – 지만 –––　사랑–– 합니 –다– ––– –

어 디에–있–나 요　–　제얘 – 기정말– 들리시 나 –요––– 그럼

피흘리는 –– 가엾은 –제사랑은–––––　알고–계시나요 – –––

용 서해 — 주 — 세 요 — 벌하 — 신다면 — 저받을게 — 요 — — — 허나

그녀만은 — 제게 — 그녀 — 하나만 — — — 허락해 — 주 — — 소 서

어 디에 — 있 — 나 요 제 애

허락해 — 주 — — 소 — 서 —

— 기정말 — 들리시나 — 요 — 그럼 피흘리는 — 가없 은제사랑은 — — —

알고 — 계시나요 — 용 서해 — 주 — 세 요 벌하 — 신다면 — 저받을께

— 요 — 허나 그녀만은 — 제게 그녀하나만 — — — 허락해 — 주 소 서

그대라는 시

박세준, 지 훈 작사
밍지션 작곡
태 연 노래

♩ = 70

언제

부 터 인 지 - 그 대를보 면　　　　운 명 이 라 고 느 -꼈 던 걸--

- 까　　　　밤 하 늘 의 별 이 -빛 -난 것 처-럼-　　　오 랫-

동 안 내 곁 -에 있 어 요 -　음 -　　　그대

라 는 시 가--　　난 떠오를때마다 --　외 워 두 고 싶 어 --　그댈

기 억 할 수 있 게 --　슬 픈 밤 이 오 면 -　내 -가 그 - 대를 지 켜 줄- -게 내

마 음 들 려 오 나　요 -　잊 지 말 아 -요 -　　지나 가 는 계 절 -속 -에 내

18

마음-은　　　　　변하지 않 는단-걸 아나---요 음-- 그저

바라보는 -눈 -빛 그하나-로 세상- 을다 가진 -것 같은 데-

-음 - 그대 마음 들려오나 요 - 잊지 말 아--요

- 꽃이 피고-지 는 - 날이-와-도-- 이 것하-나만-기억-해 줘-

요 -- 그댈향 한마-음을--- 언젠

가 는우 리-- 멀 어질지몰라도 나는 그 대 라 면-- 기다

릴수있을텐 데 --- 시간이 흘 러 도 - 내-가-이 -곳에-서있을-게 - eh

----- 그대 망 설 이 지 말 아 요 - 그

때 가 오- 면-

그랬나봐

유희열 작사 • 작곡
김형중 노래

많은친

구 모인 밤- 그 속 에 서 늘있던 자 리에- 니가- 가 끔

보 이지 - 않을- 때 내가 - 좋아 - 했던- 너의 - 향 길맡으 면 혹시

니 가아 - 닐 까 고개 돌 려널- 찾을 -때 - - 우

연 히너-의 동-넬 지나갈- 때면- 어느 새 니얼굴- 자꾸
연 히너-의 메일을 알게되- 면서- 모니 터 앞 에널- 밤새

떠 오를 때 - 그 랬 나봐 - 나 널 좋- 아
기 다 릴 때 -

하 나봐- 하 루 하루 - 니 생 각- 만 나 는걸- 널

보 고싶- 다고- 잘 할수 - 있 다고- 용 기내 전 화걸- 고싶- 었는-데그

게 잘 안 돼 바보 처럼 -

우

게 잘 안 돼 - 말 하 지못-한 막 막함- 을 너 는알- 고있- 을까

오 랫동- 안기 다려- 온 사 람내-앞 -에- 숨쉬 고있는걸 -

D.S. al Coda

그 랬 나봐 게 잘 안 돼 넌 언 제나 - 나 를 꿈- 꾸

게 하지 - 지금보 다 더 좋 은남- 자 되 고싶- 다고- 널

만나러- 가는- 이 시간 - 난연 습해- 그 토록 오랜시- 간가- 슴속-에 숨

겨 왔 던 말 - 사 랑해 -

그대만 있다면

강현민 작사
강현민 작곡
너드커넥션 노래

안 - 돼요- 세 상의 모든걸 잃어-도괜찮아 -요 그

대 만있 다면- 그 대 만있 다면- -

함 께웃 - 던시간 들을 함 께했- 던 약속 들을 지금또- 영원히-

기 억 하 겠어 -요 다 시한- 번 생 각 해요 무 엇이- 날 위 한 건 지

그대는 - 알 고있-어요 - 대 만있 다면-

- 온 통

그대의생각 뿐인 -나를 - 위해 서 -였 다면-

초라하게쓰 러지-는날 - 날 위 한 다 면 -

이대로 - 내곁에 있 어 야 해요-　나-를떠 나-면

안 돼-요-　세 상 의 모 든 걸 - 잃어-도 괜 찮 아 -요 그

대 만 있 다 면-　- 그 대 만 있 다 면-　영 원 히 - 내곁을 지 켜

주 세요-　나-를떠 나-지 말 아-요-　세

상 의 모 든 걸 -　잃 어-도 난 좋 아 -요 그

대 만 있 다 면-　그 대 만 있 다 면-

끝사랑

윤사라 작사
윤일상 작곡
김범수 노래

내

가   이렇게 아픈데 –   그댄어떨 – 까요 –   원

래   떠나는 – 사 – 람이   더힘든 법 – 인데   아

– 무   말하 지말아요   그대마음 – 알아 – 요   간

신히   참 – 고있 – 는날 –   울게하 지 – 마요 –   이

별 은시 – 간을   멈추게 하 니까 –   모 든 걸빼 – 앗고   추억만

주 니까ㅡ   아무ㅡ리 웃어보ㅡ려고 안간ㅡ힘 ㅡ써 봐 도 ㅡ   밥먹

다 가도   울겠ㅡ지 만 ㅡ   그 ㅡ대   오직 그대ㅡ 만

이   내ㅡㅡㅡ 첫사 ㅡ 랑   내ㅡㅡㅡ 끝사 ㅡ 랑   지금ㅡ 부

ㅡ터   달라 질수ㅡ없 는 ㅡ   한 가지   그 대 만이ㅡ 영원한   내

ㅡ 사랑 ㅡ   워 ㅡ 워   ㅡ 워 ㅡ ㅡ

그

대 도나ㅡ처럼   잘못했 었 다면   그 곁 에머ㅡ물기   수월했

난 널 사랑해

엄승섭 작사
신성호 작곡
신효범 노래

힘 겨 운 아 침 햇 살 을
어 두 운 지 난 날 들 의

받 으 며 눈 을 뜨 니
슬 픔 은 기 쁨 되 고

어 제 의 내 가 아 님 을
사 랑 은 우 리 들 에 게

나 는 느 꼈 던 거 야
한 조 각 꿈 이 었 음 을

수 많 은 시 간 헤 매 며 방 황 했 던

지 난 날 들 워 난 널

사 랑 해 너 의 모 든 몸 짓 이 큰 의 미 인

28

내게 사랑이 뭐냐고 물어본다면

로이킴 작사
로이킴 작곡
로이킴 노래

뜨겁게사 - 랑했-던 계 절을 - 지나- 처음과 는 조금 - 은달라진   우리

모습을-걱정하 진 말아요 -   아침에떠 - 오르-는 햇 살 을 - 보며-   사 랑을

약 속했- 던우리의   마음은 영 원한- 거라   저 물어가- 는노- 을도- 그리

고찾아-올밤하-늘도- 우리 함께한- 시간-만큼-아름다울거 - -예요 내게사 랑이

뭐냐고- 물어본다면 -   처음 의설 -렘 보다   이익숙함을   소중해

할 수있-는 것- 때론맘같지 않아도- 포기하지않고 -   서로 를바-라보

너를 생각해

MR. BLACK 작사
주 식, 안성현 작곡
주시크 노래

너를 들려주-고싶-었어- 이 노랠만-들때- 아 - 마 네-가정--말 많이

좋 아할 -거-야- 이젠 내 겐네 -가없 -어서 --나 혼 자불 -러도- 혹 -

시 든 -게 되 - -면 그게 네 얘기 -라 -고-

난 노 랠만 -들 땐 - 늘 너를생 -각 해

- 어 딘 가혼 --자 진지한 -표정 -- 고 개 를끄 - 덕거

- 리고 -나선- 항 - 상 흥얼거 리며 - 따 라 불 렀어 나 를 -보

며 신 나 있 던 너 에게 - 불러주고 싶 던 노래를 - 왜 이제 야겨- -우
주 가 곤 했 던 카 페에 - 이노래가 나 올 때 까지 - 네 친 구 가따- -라

완 성했 -을 -까 이노랜 - 널 사 랑 한 다 는 -내얘 -기가- 잔 -
부 를때 -까 -지 이노랠 - 유 명 해 지 게 계 -속불 -러서 - 나 -

뜩 들어갔 어야- 하 는 노 랜데- 너를
는 너에게 로꼭- 닿 고 말 거야- 너를

네 가 -자

D.S. al Coda

너를 사 랑할 -땐 몰 -랐 던- 바 보 라미 -안해 - 아 -

마 이 -걸 듣 - 고 너는 원 망하 -겠 -지- 이 젠 내 가많 -이잘 -할 게 - -너

혼 자울 -지마- 혹 - 시 듣 -게 되- -면 아직 너뿐이 -라 -고-

너를 위해

채정은 작사
신재홍 작곡
임재범 노래

어쩜 우린 – 복 잡 한 – 인 연 에 – 서로 엉 켜 있 는 사 람 인 가

봐 나는 매 일 네 게 – 갚 지 도 – 못 할 만 – 큼 많 은

– 빚 을 지 고 있 어 – – 연 인 처 럼 – 때 론 남 남 처 럼 – 계 속

살 아 가 도 괜 찮 은 걸 까 – – – 그렇 게 도 많 은 – 잘 못 과

– 잦 은 이 – 별 에 도 – 항 상 거 기 있 는 너 – – – 날

세 상 에 서 – 제 대 로 – 살 게 해 줄 – – – 유 일 한 사 람 이 너 란 걸 알

– 아 – – 나 후 회 없 이 – 살 아 가 – 기 위 – 해 – 너 를

붙 잡 아 야 할 테 지–만 –   내 거 친 생–각 과   불 안 한 눈– 빛

과   그걸 지 켜 보–는 너 – – – – – 그 건 아 마 도– 전 쟁 같–은 사 –랑 –

난   위 험 하–니–까 –   사 랑 –   하 니 – – – – 까   너 에

게 서 떠 나 줄   거 – 야 – –

야–– 오 – – – – –   너 를 위 해 – – –   떠 날   거–

야 – – –

눈의 꽃

Kenzie 작사
원곡-Satomi / Matsumoto Ryoki
박효신 노래

36

니 에요– 이렇게 그댈 사 랑 하 는데– 그저 내 맘 이 이럴 뿐 인 거죠
갔 나요– 무엇이든다 해 주 고 싶은– 이런게
라 봐요– 그저 그 대의

– 그 사랑 인줄배 웠어요

혹 시그대 있는–곳어–딘 지알 았다면– 겨– 울밤별이 돼–그대를

비 췄을–텐데 – 웃던 날도 눈– 물–에 젖었–던 슬 픈밤–에도 – 언 제

나그언제나 곁 에있 을 께요– 지금 곁에서– 함 께이

고 싶 은 맘뿐–이라고–다신 그 댈 놓 지않– 을 게 요 끝 없 이 내 리– 며 우 릴

감 싸온– 거 리 가 득한 눈 꽃 속 에서– 그 대와 내 가 슴 에조–금 씩 작은

추 억 을 그리–네요 영원 히 내곁에그 대 – 있 어요 –

너의 모든 순간

심현보 작사
성시경 작곡
성시경 노래

이 윽고- 내가 한 눈 에 너- 를 알- 아 봤 을때 - 모든 건 분-명 달- 라 지 고 있 었어- 내 세상은- 널 알 기 전 과 후로- 나뉘어 니 가슴-쉬 -면 따스 한 바 람 이 불 어와- 니 가웃-으 면- 눈 부 신 햇 살이-비 춰- 거 기 있 어 줘서 그게 너 라서 가끔 내어- 깨에- 가만-히 -

끔 나에- 게조- 용하-게 - 안 겨주-어-서-　나는 있　잖아-　정말

남김없-이 고마 -워　　너를따-라서- 시간은 흐르고-멈 춰- 물 끄러

미　너를- 들 여 다 보　곤해 -　너 를 보는- 게나- 에게- 는

사 랑이-니-까-　너 의 모든-순간 -　그게 나였으-면좋겠　-다

생 각만-해도- 가 슴 이 차올라　나는- 온통-너로 -

니모든　순 간　나였 으면

나는 반딧불

정중식 작사
정중식 작곡
황가람 노래

나는내가 빛 나는 별 인 줄 알았 어요 한번 도 의심한 적 없 었

죠 몰랐-어요 난 내가 벌 레 라는 것을 그래도

괜 찮아- 난눈부 시니까 - 하늘에서 떨 어진 별

인 줄 알았 어요 소원 을 들어주 는 -작은 별

날 아온 밤하늘 의 별 들이- 반딧 불 이 돼버 렸지 내가널

만 난 것 처럼- 마치약 속 한 것 처럼- 나는 다 시 태어났지 나는

다 시 태어 났지 나는내가 빛 나는 별

인 줄 알았 어요 한번 도 의심한 적없- 었 죠

몰랐-어요 난 내가 벌 레 라는 것을 그래도 괜 찮아- 난눈 부 시니까

하늘에서 떨 어진 별 인 줄 알았 어요 소원

을 들어주 는 -작은 별 몰랐-어요 난 내가 개

똥 벌레 라는것을- 그래도 괜 찮아- 난빛날 테니까 -

Never Ending Story

김태원 작사 · 작곡
부 활 노래

손

댈 수없—는 저 —기 어— 딘가 —   오

늘 도넌 — 숨 쉬 고있— 지만 —   너와

머 물던 — 작 은의 —자 위엔 —   같은

모 습에 — 바 람 이지— 나네 —   오늘

떠 나 면 —   아침 을 떠나—가듯이 —   멀

리 손을 —흔 들 며 — —   언 젠 가 —

44

추억에남 – 겨져갈 – 거 라고 –

그 리워하며 – 언젠가 – 만나게되는 – 어느 영

– 화와같은일 – 들 이 이뤄 져 가기를 – – – 힘

겨 워한 – 날에 – – 너를지 킬수 – 없었던 – 아

름 다운 – – 시 절 속에 – 머문그 – – – 대 이 기

에

너는 떠 나 며

– 아침 을 떠나 – 가듯이 – 멀 리 손을 – 흔들며

다행이다

이 적 작사 • 작곡
이 적 노래

다시 만날 수 있을까

임영웅 1집 - IM HERO -

이 적 작사
이 적 작곡
임영웅 노래

너를위 - 해해 - 줄것 - 이하 - 나없 - 어 - 서 - 보낼수밖 - 에 - 없

었고 - 니가없 - 이사 - 는법 - 을알 - 지못 - 해 - 서 - 순간순간 - 을 - 울었

-다 - 후회 로 가득 - 한한 - 숨자 - -락이 - - - 시린

바 람처 - 럼가 - 슴치 - 는날 - 그언 - 젠가 - 우리만날수

있을까 - 다시만 날수 있을까 - 그리좋 던예 전처럼 - 그때처럼 되돌아

갈 수있 - 을까 - 다시우리가 만나면 - 무 - 엇을 해 야만 - 할까 - 서로를

품 에안 - 고서 - 하염없이 - -눈물 만 흘려 - 볼까

48

붙잡을- 마음- 이야- 없었

-겠냐-마-는- 그때난부 -끄 - 러 웠다 - 떳떳하- 게일- 어나- 널다

- 시찾-아- 갈- 뜨거운꿈 -만 - 꾸었 -다 - 둘이

함 께했- 던순- 간순-간이 - 시린 폭 포처- 럼쏟- 아지- 는날

- 그언- 젠가 - 우리만 날수 품 에안 - 고서- 하염없

이 -눈물 만 흘려- 볼까 - 그리운 마음이- 서럽게흘- -러넘쳐

- 너에게닿-을 때 우리만날수 품에안- 고서- 하염없

D.S. al Coda

이 -눈물 만 흘려- 볼까

다시 사랑할 수 있을까

유성규 작사
윤민수 작곡
박정은&4Men 노래

(남) 사랑하지않는데 - 사랑인줄알았대 - 사랑한다말할때

- 그런줄알았대 사랑을몰-랐대 - 보내줘야하는데 - 웃어줘야하는데
혼자두면어떡해 - 변해버린하루에-

데 눈물이왜나는데 -사랑이아닌데 왜눈물나-는데 -
- - - - 익숙하지않은데 - 조급한마음에 원망만하-는데- - - -

(여)잡 고싶 은데 입이 떨어지질-않네요- 잘가란말이 라도해-야죠 - 우린
(여)후 회하 지만 다신 돌아갈수-없겠죠- 내마음은그 런게아-닌데 - 그땐

여 기까- -지죠- 사랑이 깊 어서 이 별 이된- 거죠- 조금만
왜 보냈- -는데 -

사 랑했더 라면- 떠나지않 - 았을-텐-데- 생각이 너 무많-아-서- 혼자서이

-별을만 - 든거죠- 헤어 진 다음- 날에- 알-- 았 -죠

다 시사- 랑할- 수있 - 을 - 까 (여)죠- --woo - - -yeah-

끝 난건- 가요- 정말 끝 난건- 가요- 말 이없- 네요- 언제나

그 랬죠 (남)언 제나 말 없이- 내게 기댔- 었죠 - 그대 는- 내-게

언제나그랬었- 죠 마음 둘 곳이-없네요- 끝난-거죠 - 사랑이

깊 어서- 이 별 이된- 거죠- 조금만 사 랑했더 라 면- 떠나지않
- -요- - - 기 약 도없- 나요- 여느날 처럼내 전 화를 - 기다리지

- 았을-텐-데- 생각이 너 무많-아-서- 혼자서이 -별을만 -든거죠- 어쩌
- 는않-나-요- 자존심 때 문인-가-요- 한번만져 -줄수는 -없나요- 아직

1. 다 우리- 가이- 렇게- 됐나 2. 도 그댄- 사랑- 을모- - -르 죠

다 시사 랑할 수 있 을 - 까 (남)그 런날- 이올- 수있-

- 을 까 다 시사- 랑할- 수있 - 을 까

모든 날, 모든 순간

어깨깡패1 작사 · 작곡
폴 킴 노래

니가없이웃 - 을수 - 있을 -까 -

생각만해도눈 물-이 나- - 힘든시간날 지켜- 준사

-람 - 이제는 - 내가그댈 - 지킬테니 -

너의품은항상따- 뜻했 -어 - 고단했던 나 의하-루에 - 유
불안했던나의고 - 된삶 -에 - 한줄기빛 처 럼다-가와 - 날

일 한 휴식처 - woah- - -나 는- 너하나로충분해 - 긴 말
웃 게 해준너 - woah- - -

안해도눈빛으로 - 다아니까 - -hmm- 한송이의꽃 이피- 고지

-는 - 모든날 - 모든순간 - 함께 해 -

1.G

보고 싶다

윤사라 작사
윤일상 작곡
김범수 노래

아 무 리 기 다 려 도 난 — 못가 바 보 — 처럼 울고

있 는 너의곁 에 상 처 만 주 는 나 를 왜 모 르 고

기 다 리 니 떠 나가— 란 말 야— 보 고 싶 다 보
고 싶 다 보

고 싶 다 이런 — 내가미 워질— 만 큼— ————— 울
고 싶 다 이런 — 내가미 워질— 만 큼— ————— 믿

고 싶 다 네게무 릎 꿇 고 모 두없— 던일— 이될— 수있
고 싶 다 옳은길 이 라 고 너 를위— 해떠— 나야— 만한

54

비의 랩소디

주영훈, 이세준 작사
주영훈 작곡
임재현 노래

이 제눈- 물 그 쳐나 - 를봐요 -   우 는그- 대더- 아름-다 워

\- 내게 이 모습-조 차-   더 남 지않-도 록-

그 냥고-개돌- 려요 -   그 저미- 안한마음 -뿐이죠-

그 댈위 - 해해- 줄게 -없 어 -   모두 이 해할-게 요-   그

댈 아끼-는-맘 -   그분 들 도같 -을 거-   란 걸   -

한 참동-안을-   비틀거-렸죠- - -   그 댈사 - 랑했--던그-만 큼
죽 는날-까지-   사랑한-대도- - -   가 질수- 없는- -그대-인 걸

\- 워 - -떠 나 가요-   아 주먼   -곳으로-

56

그 대소-식내-게올-수 없 --을 그만큼　　다 잊 어요-　　내 겐

마 지 -막이될-　사람 도 -　모 두다 --버려-두고 -　　　갈게요

- - - - -　　나 를위- 해 많이 애 - 썼 단 걸 -

알 고있- 죠난- 감사-해 요 -　　허나 이 룰수-없 는-　　-건 -

어 쩔수-없-죠-　　　내가 용 기낼-게 요-　　이 젠 -

- - - - -　　　떠 나가요-　아주먼 -곳으로 -

그 대소-식내- 게올-수 없 --을 그만큼　　혹 시 라도-　　내 가

그리 -울때면-　세 상에 -　　내 가없-다고-믿 어 요--

부동의 첫사랑

권정열 작사
권정열 작곡
10CM 노래

(하나 둘 셋)　　주인공은 - 　아니었지 - 　누구의시점

에　　서 도 - 　그냥스 쳐지 -나　가거나 - 　친 구3 - 이

라 거나- 이름없 는역 -할　뿐　　　　　너 에게는

알수없는 - 　멋진향기가 났　　 었지 - 　지나칠수없- 는
마음이란 - 　왜감출수가 없　　 는지 - 　나는바보같- 은

맘 을　　대사한- 줄 없지만- 말하고싶었- 는 데　　　　창
말투로　　대본에- 도 없었던- 고백을해버- 렸 지　　　　대

가에 비- 친 너 -의얼굴- 은 나 만을 위 -한등장 - 이었는 - 지
답이 없 - 는 너 -의표정- 은 누 구를 위 -한연출 - 이었는 - 지

58

단한 번-의 명 장면 이 빠르게 지 나 가고있었 -지 -
웃기 라-도 해 준다 면 이상한 애 가 돼도좋은 -데 -

소리쳐이름을 -불 러-볼 까   한시간쯤은기 -억 해-줄 까
소리쳐이름을 -불 러-볼 까   삼십분쯤은기 -억 해-줄 까

뒤를돌아봐주 -었지만 - 너의 미 소는 -   내 게와주지않았지

다음편이기대 -되 지-않 는   예상가능한엔 -딩 만-남 은

- 로맨스 도 -뭣 도-아 닌 -   나의부 -동의첫 -사랑

좋아하는 - 굳이응 원

- 해 준 - 사람도 - 없었지 만 -

너를향한노래 - 가 생 - 겼 어

이젠웃으며부 - 를 수 - 있 어 그저흐릿한조 - 명처럼 - 너의

미 소를 - 빛 내줄수만있다면 예고편이공개 - 되 지 - 않 고

뻔한엔딩도맺 - 지못했 - 지 만 - 나의마 음 - 속 언 - 제 나

- - 항상빛 - 나고있 - 는 부 - 동의첫 - 사랑

-

사랑 비

김태우 작사
이현승 작곡
김태우 노래

사

랑했었던어떤이가 떠나간적있겠죠 모든게내탓이란 생각이든적있겠

– 죠 나 그래서잡지못했죠– – 아 – 이런아픔쯤은모두

잊을수있을거라 다른사랑이찾아 올거라생각했었 – 죠 왜
사랑의상잘열어 사랑이란기도를 전하는전화를걸 – 어 내

그런데잊질못하죠– – 오 – – 그저 하 늘 바라보며
맘이널찾지못해도– – 오– – 그저

–외치죠다시한번 나 를 사랑해줘 –내맘속작은바램 –이–

비가되어 내려오면– – 내사랑이 머 리 에내리면

– 추억이 되 살아–나–고 – 가 슴 에내–리–면

소중했던 사 랑이떠오르고– – 내사랑이 입 술 에닿으면

– 널사랑해 내 게외–치 며– – 비가 내 리–는– 그길

을 따– 라 – 걷다가걷–다 가걷 다 보 면 바라던내–가 널기 다 려

믿음이라는열쇠로 돌아가– – – 그때로– – – –

내 삶 에단 한 번 기 – 도 했 던 대 로 이 렇 게 – – – –

외치며 – – – – – – – 사랑비가내려와 –

너의사랑이나의 눈 에내리 면 – 내앞에
눈 –에내리면 –

사랑 Two

이경희 작사
임준철 작곡
윤도현 노래

D | **A/C#** | **Bm7** | **Bm7/A**

나의 하루를– 가만 – 히   닫아 주 – 는
나의 아픔을– 가만 – 히   안아 주 – 는

G | **D** | **A** | **Em**

너   은은 한 – –달빛따 – 라   너의모 – 습   사라지
너   눈물 흘 린 –시간뒤 – 엔   언제나 – –   네가있

Bm9 | **G** | **D**

– 고   홀 로 남은 –   골 목길 엔   수 줍은
– 어   상 처 받은 –   내 영혼 엔   따 뜻한

1. C | **Asus4** | **A** | **2. C** | **Asus4** | **A**

– –내마음 만   – –네손길 –만

% Bm **A7/C#** **D** | **A** **G** | **D** **F#m7**

처음 엔– 그냥–   친 군줄만알았 어–   아 무 색 깔없– 이 – 언

G — 3 — **Asus4 A** | **Bm** **A7/C#** **D** | **A** | **G**

제나 영원하길   또다시사 랑아–   라 부르진   않아–

D **F#m** **G** | **Asus4** | **A** **A/G G**

아무아픔없– 이 – 너만은 –   행 복하길 –   워– 워 – – – – 예 –

넬 만 나면 – 말없 이 있 어도 – 또 하 나 의나 – 처럼 – 편

안 했 던 – 거야 – 넬 만 나면 – 순수 한 네모습 – 에 – 철

없 는아 – 이처 – 럼 – 잊 었 던 – 거야 – 내겐 너무소 중한

– 너 – 내겐너무행 – 복 한 너

– 복 한 너

사랑은 향기를 남기고

조은희 작사
황세준 작곡
테 이 노래

로 -   I can't live without your love -   내가
이 - - 렁 - 게 -

하 루이 - 틀이가 - 고   눈에멀 - 어져살 - 다가보 - 면   언젠간또

가 슴에 - 서도 - - - -   무뎌지 - 는거 - 라고 - - - - -   그렇게

말 을하 - 기 - 까 - 지   얼마나 - 싸워야 - 난 - 할 - 지   보이지

않는나와 -   볼수없 는 널앞에두고 -   I miss the

love that i shared with U - -   그 언제쯤   자 유로 - 울까 - - - 니이별도

못 한게 - 있어 - -   내안 에널 데 려 가 는일 난   그 래

괜찮아 오늘도 - -   너땜에힘 겨   - 워 도 - - - 이 - 지독한 내 - 아픔도 - 우리

- 가 -   사랑한흔적 인걸 -

67

사랑인가봐

김민석 작사
김민석, 정동환 작곡
멜로망스 노래

너 와함-께 하- 고싶-은 일 들을-상 상- 하는-게 요 즘내일- 상이-되 고

- 너의 즐 거워-하 는- 모습-을 보 고있-으 면- 자 연

스 레따-라 웃- 고있-는 걸 - - - 너의 행 동에-설 레-어 하-고

뒤 척이-다 가- - 지 새 운밤-이 많-아 지- 는데 - - 이건

누 가 봐- 도사-랑 일 텐 데 - - - 종 일 함- 께 면-질

릴 텐 데- 나 돌 아 서- 도온-통 너 인 건-

아 무래-도 사- 랑인-가 봐 - - - 점점

너와하-고싶- 은일-들 생 각하-면 서- - - 하룰 보 낸날-이 많-아 지- 는데

- - - 이건 - - - 너의

행 복해-하 는- 모습-을 보 고있-으 면- - 나 도 모르-게 따-라 웃-는 데

- 이정 도 면 알- 아 줄-만 하 잖 아- - -

너 도 용- 기 낼-만 하 잖 아- 나 만 이- 런게-아

니 라 면- - - - 우 리만-나 볼- 만하-잖 아 - - -

아 무래-도 사- 랑인-가 봐 - - - -

69

사랑할수록

김태원 작사
김태원 작곡
부 활 노래

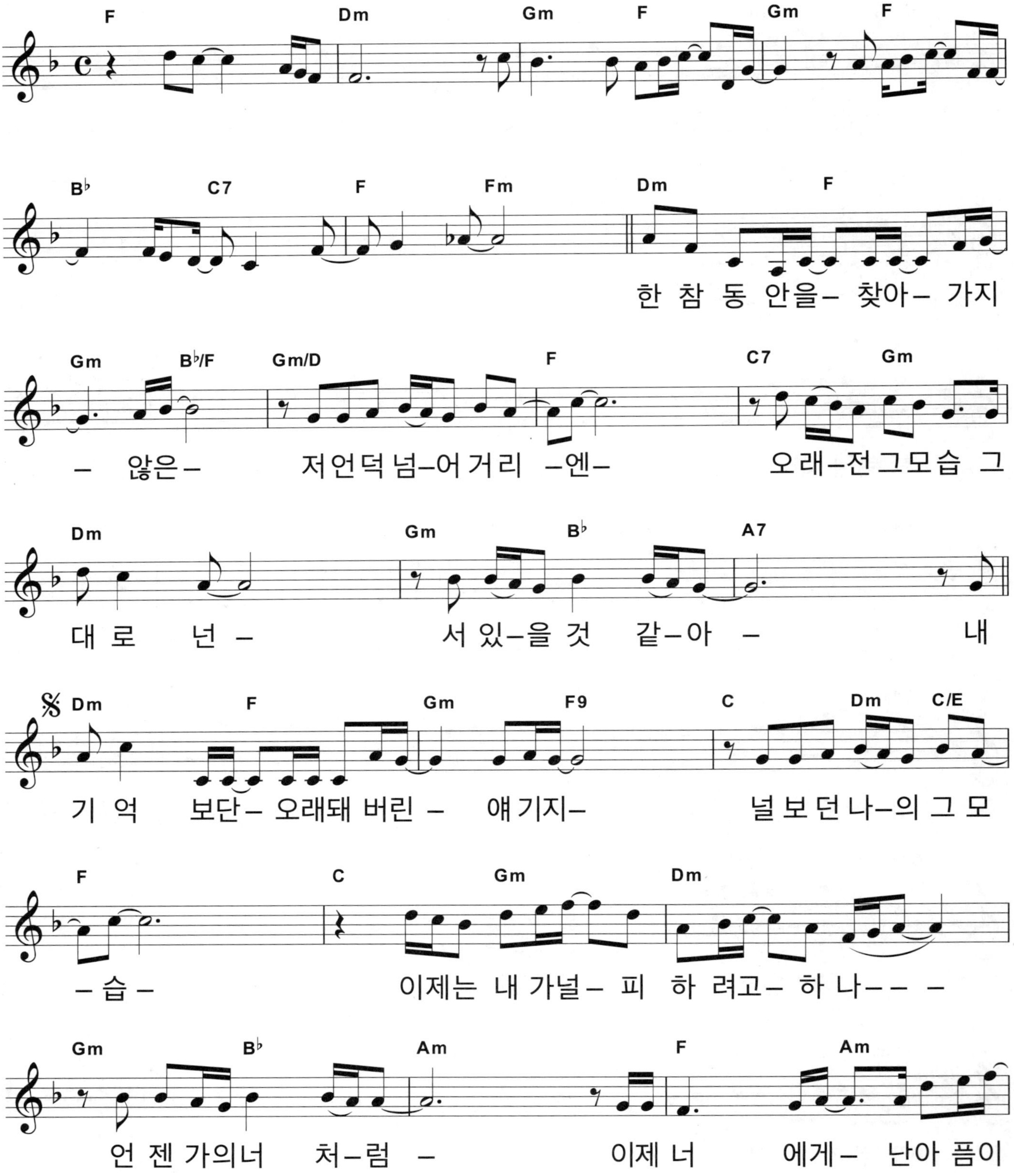
F Dm Gm F Gm F
B♭ C7 F Fm Dm F
한 참 동 안을– 찾아– 가지
Gm B♭/F Gm/D F C7 Gm
– 않은– 저언덕 넘–어 거리 –엔– 오래–전 그모습 그
Dm Gm B♭ A7
대 로 넌 – 서 있–을 것 같–아 – 내
Dm F Gm F9 C Dm C/E
기 억 보단– 오래돼 버린 – 얘 기지– 널 보 던 나–의 그 모
F C Gm Dm
– 습 – 이제는 내 가널– 피 하 려고– 하 나– – –
Gm B♭ Am F Am
언 젠 가의너 처–럼 – 이제 너 에게– 난아 픔이

란걸 – 너 를 사 – 랑 하 – 면 할 수 록

멀 – 리 – 떠 – 나 가 – 도 록 – 스 치 듯 – – 시 간 의 흐 름 속

에 – –

(G.T solo)

에 이 제 지 나 간 – 기 억 이 – 라 고 떠 나 며
너 에 게 – 난 아 픔 이 었 – 다 는 걸 – 너 를 사

내

D.S.

– 말 하 – 던 너 에 게 – 시 간 이 – 흘 러 지
– 랑 하 – 면 할 수 록 – 멀 – 리 – 떠 나 가

날 수 록 – 너 를 사 – 랑 하 – 면 할 수 록 –
– 도 록 – 스 치 듯 – 시 간 – 의 흐 름 속 에 –

F.O.

71

사랑합니다

강은경 작사
윤 상 작곡
팀 노래

♩ = 67

D/F♯　　F♯aug7　　Bm7　　Am7　A♭7　　GM7　　Gm6　　A7(♭9,13)

D　　F♯aug7　　Bm7　　Am7　D7　　GM7　　C♯7

나 빠요　　참 그대-란사 -람 -　　허락 도 없이　왜내 맘가-져-요

F♯m7　　D/F♯　　GM7　　C♯7

- 　　그 대 때 문에　　난 힘 겹게 - - 살고

F♯m7　　Bm7　　Em7　　/A　　A7

- 만있-는 데-　　그 댄모 - 르잖 - 아요 -

D　　F♯aug7　　Bm7　　Am7　D7　　GM7　　C♯7

알 아요-　　나 는아 - 니란 -걸 -　　눈길 줄 만큼　보잘 것없 - 단 - 걸
어 제도-　　책 상에 - 엎드 -려 -　　그 댈 그리다　잠들 었나 - 봐 - 요

F♯m7　D/F♯　　GM7　　C♯7　　F♯m7　　Bm7

- 　　다 만 가 끔씩　그저 그미 - 소　여 기내 - 게 도 -
- 　　눈 을 떠 보니　눈물 에녹 - 아　흘 어져 - 있 던 -

사랑했나봐

전해성 작사
전해성 작곡
윤도현 노래

이별은만남보다 참쉬운건 – 가 봐

차갑기만한사람 –   내맘다가져간걸 왜알지못 – 하 나

보고싶은그사람 –   사랑했나 봐   잊을수없나 봐   자꾸생각

나 견딜수가 – 없 어   후회하나 봐   널기다리나 봐   또나도몰래

가슴설레여 와 저기 널닮은뒷 – 모습에   기억은계절따라 흩어져가 – 겠 지

차갑기만한사람 –   빈가슴애태우며 난기다리 – 겠 지

어설픈내사랑을 –

사랑했나

못되게눈돌리며 외면 한 – 니모습모른척할래 –

한번쯤은날 뒤돌아보–며– 아파했다 믿–을래 – – 바보인가

봐 한마디못하는 – 잘지내냐 는 그쉬운인–사 도––– 행복한가

봐 여전한미소 는 자꾸만날작 아지게만들어 멀어 지는니모–습처럼

언젠가다른사람 만나게되–겠 지 널닮은미소짓는 –

하지만그사람은 니가아니–라 서 왠지슬플것같아 –

잊을수없는사람 – – 우 –

소나기

SOOYOON, 한성호 작사
박수석, MOON KIM, 한성호 작곡
이클립스 노래

그치지- 않기를 바 -랬죠 처음그대- 내게로 오던

그날에- - 잠시동안- 적시는- 그런비가- 아니 -길

간절히- 난바- 래왔- 었죠 그대도내맘 아나요- 매일그대- 만그

-려왔- 던나- -를 오늘도내- 맘에- 스며-들죠 - - 그대 는-

선 물입- 니다- 하늘이 내 -려준- 홀로선 세상속- 에그- 댈지-켜

줄 - 게요- 어느날문득 소나- 기처-럼 내린그대지 만

오늘도불- 러봅니다 - 내겐소-중한- 사 람 오

떨 어 지 는- 빗 물 이- 어 느 새 날- 깨-우 -고

그대- 생각- 에잠- -겨 요 - 이제는내게 로 와요- 언제 나처- 럼기

- 다리 고있- -죠 그 대손을-꼭 잡-아 줄-게 요 - - - 그대 는-

내 겐소-중 한- 사 람 - - - 잊고 싶던- 아 픈 기억-들도 - 빗방

울 과함-께 흘-려 보-내 면 -돼 요- - - 때로는 지 쳐-도 - 하늘이

흐 려 도 - 내가 있 다 는 걸 잊 지 말아요 - - - 그대 는-

사 랑입-니 다- 하나 뿐 인 -사 랑- 다시 는 그 대와- 같은- 사랑-없

을 -테 니- 잊지 않 아 요 내게- 주었-던 작은기억하나 -도-

오늘도새- 겨봅니다 - 내 겐선-물 인 - 그 댈-

선물

김민석 작사
멜로망스 작곡
멜로망스 노래

빛이 - 들-어 - 오-면 자 연 스레- 뜨-던 눈-

- 렇 게- -   너의눈 - 빛-을 - 보-곤

사 랑 에눈- 을-떴 어- -   항상 알고있던 - 것들도

- 어-딘-가 - -   새 롭 게- -   바 뀐 것
- 어-딘-가 - -   빛 나 고- -   있 는 것

- 같 아 남 의 애 - 기 같-던 설 레 는 일 들 이- -
- 같 아

내 게 일 어 나 고-있 어 - -   나 에 게 만 -   - 준 비-된

78

선물같아 자그마-한 - 모든-게 커져만가 - 항상

평범했-던일-- 상도- 특별--해지는 - 이순간

- - 별 생-각 - 없-이

지 나 치던- 것-들 이-- 이제는-- 오마 냥 내-겐

- 예-뻐 보이고-- 내 맘 을설- 레-게 해-- 항상

어 두 웠던 - 것 들 도 - 해 지는 - 이순간 - ha

- - - - - - - - 너를알게된뒤 - 보 이-는 - 모든것

소주 한 잔

임창정 작사
이동원 작곡
임창정 노래

술 이한–잔생각나 – 는밤– 같– 이– – 있는것 같 아요–

그 좋았던 시 –절들– 이젠 모 두 한숨만 되 –네요–

떠 나 는그– 대 얼 굴이 – 　　혹– 시 　　　울 지 나
떠 나 는그– 대 얼 굴이 – 　　마– 치 　　　처 음 과

않 –을까 – 　나 　먼저돌 아 섰죠– 그 때 부터– 그
같 –아서 – 　나 　눈물이 났 어요– 그 때 부터– 그

리 워요– 사람 이 　변하 는–걸 요 　– 다 시 　전보다그댈

81

린– 전–화번–호 누 –르고– – 여 보세요나야– 거기 잘 지내니–

오랜만 이야–내 사 랑아– 그 대 ––를다 시 불 러오라 –고

미친듯–이–울 었어– – 우– – – – –

여 보세요나야– 정말 미 –안해– – – – – – 이기적인그–때

에 나에게– – – 그 대 ––를다 시 불 러오라 –고 미친듯–이–외 쳤

– 어– –

술이야

류재현 작사
류재현 작곡
바이브 노래

Oh – yeah – – oh – oh– oh–

oh – 슬픔이차 – 올라서 –

한잔을채 – 우다가 떠난그 – 대가미 – 워서 – 나

한 참 을 흥 – 보 다 가 – 나 어 느 새 그 – 대 말 투

– 내 가 하 – 죠 – 난 늘

술 이 야 맨 날 술 이 야 널잃 고 이렇게 – 내가 – 힘 들

84

줄 이— 야   이제 난 남이야   정 말 남이야   널잃 고

이렇게— 우린— —   영 영 이—제 우리 둘—은 —

남이야 —   슬픔이차 — 올라—서

— — — —   한 잔 을 채 — 우 다 가   떠 난 그 — 대 가 미

— 워 서 —   나 한참을흉 — 보—다가 —   또다시

어 느 새 그 — 대 말 투 — — — —   내 가 하—죠 — — — —   난 늘

영영이—제우리둘—은 — — — — 술마시면취하고   나한얘기를또하고

이젠너 남인줄도모르고   너 하 나 기 다 렸 어 –

난늘   술이야 –   맨 날 술이야 –   널잃고

이렇게– 내가–   힘 들 줄 이– 야 –   이젠 난 남이야 –   정 말

남 이 야 –   널잃 고 이렇게– 우리– –   영 영 이 제 우 리 둘– 은

정 말 영 영 이 제 우리둘– 은 –   –

남 이 야 –

저물어가– 는오– 늘 도 –   난   술이야

야생화

박효신, 김지향 작사
박효신, 정재일 작곡
박효신 노래

하얗게

피 어 난 얼음꽃 하 나 가 달가운 바 람 에 얼굴을

내 밀 어 아무말 못 했 던 이름도 몰 랐 던– 지나간

날 들 에 눈물이 흘 러 차가운 바람에숨어있다– 한줄기

햇살에몸–녹이다– 그렇– 게 너는–또한번내게온 –다 – 좋았던–

기 억 만 그리운– 마 음 만–– 니가 떠나간그–길위에– 이렇–게

나만 –서있–다 잊혀질 만 큼 만 괜찮을– 만–– –큼––––만– 눈물

87

머금고기– 다린떨 림 끝에 다 시 – 나 를 피우리– 라　　사랑은피

고 또 –지는 타버리 는 불 꽃 빗물에 젖 을 까 두눈을

감 –는다　　어 리 고 작 았 던 나 의 맘 에– 눈부 시 게

빛 나 던추–억속에–－－　그렇– 게　　너를–또 한 번 불 러 본

– 다 －－－　　좋 았 던 – 기 억 만 그리운–

마 음 만－－　니 가 떠 나 간그– 길 위에－ － 이 렇–게

나 만 －서있 –다　잊 혀 질 만 큼 만 괜 찮 을–

만－－ －큼 －－－만 – 눈 물 머금고기– 다린떨 림 끝 에

다 시 나 - 는 - 오- - - - - 메

말 라 가 는 - 땅 위 - 에 온 몸 이 타 들 어 - 가 고 - - - - - 내

손 끝 에 남 - 은 - 너 의 향 기 흩 어 져 - 날 아 가 - - - - -

- - - 오 - - - 오 - 멀 어 져 - 가 는 너 - 의 손 을 - - 붙 잡 지

못 해 아 프 - 다 - 살 아 갈 만 - - 큼 만 - - 미 워 했 던

만 - - 큼 만 - 먼 훗 날 너 를 데 려 다 줄 그 봄 이 오 면 - 그 날 에

나 피 우 리 - 라 라 라 라 라 라 라 라 라 라 라 - 라 라 라 라

라 라 라 라 라 라 라 라 라 - -

어디에도

송양하, 이　수 작사
송양하, 김재현,이　수 작곡
엠씨더맥스 노래

차가워진눈빛을바라보며 - 이 별의말을전해들어-요 -

아무의미없던노래가사가 - 아 프게귓가에맴돌아요 다시

겨 울이- 시작되 듯이- 흩어 지 는눈- 사이-로 - 그

대 내맘-에 쌓 여만- 가네 떠 나 지말-라는 - 그런

말도하지못 하고 - - 고개 를 떨구-던 뒷 모 습 만 - - -

그 대 내 게오-지말 - - 아요- 두번다시 이 --런 사랑 하-지

- -마-요- 그댈 추 억하 - 기보-단 - 기 다리 - 는게- - - -

부 서 진 내 맘 이 더 아 - - -파 와 - 다 시 누 군 가-를 만

- - 나 서- 결국 우 리 사 - 랑 -지 워 내 도 - -

행 복 했 던 것 -만 기 억 에- 남 아- 나 를 천 천 히 잊 - 어 주 기 를

-

아 무 것 도 마 음 대 로 안 돼 요 아

품 은 그 저 나 를 따 라 - 와 - 밤 새 도 록 커 져 버 린 그 리 움 언

제 쯤 익 숙 해 져 가 나 요 많 은 날 들 이 - 떠 오 르 네 요- 우 리

가 나 눴- 던 날- 들 애 써 감 추 -고 돌 아 서- 네- -요 -

떠 나 지 말 - 라 는 그 런 말 도 하 지 못 하 고 - 고 개

91

를 떨구-던 뒷모 습만 -   천 천 히 잊 - 어 주 기를

- 부 를 수도 -없 이 - - 멀

어 진그-대가- - 지나

치 는바- 람에-도 - 목 이메-어와- - - - 어디에도그대가살

- - -아서 - 우 린 사 랑하-면 안 - - 돼요- 다가갈수

록 - 미 -워 지 니 까 - 행 복 했 던 것 -만

기 억에 - 남아 - 나를 천 천 히 잊 - 어 가 기를 -

사 랑 했던 - -

Annie

윤종신 작사 • 작곡
윤종신 노래

애니   혹 시나 알 고있- 나요-   내 가사 - 랑한다는걸

- 안 다면-   그 대 는나- 빠요 -   얼

마 나애- 태웠 - 는 지   오 애 니   이 노랠

듣 고있 - 나요 -   그대가바로애니예요 -

말하지- 못 했던내-마음 - 이 제는털-어놓을 게 요

야   이 바 보야 -   난 널 사랑- 하고- 있

어   얼 마나 - 내게- 위안 - 이됐 - 는지- 긴

아 픔멈-춘 게   다 시 웃게- 만든-게 너-야 느   끼 고 싶어

-           니 가 내게- 주는- 사 랑

바 라기- 만하- 는내 - 모습-   이 해해- 주길- 바

래   내 게 로 올 수 있 다면 -   아주 긴 시간- 동안-   보답

할 게   오 애니   조 금은 후 련하 - 네요 -
              애니   그 래도 모 르겠 - 나요 -

정말 외치고 싶었는데 -   내 앞에 -   애
그대가 바로 애니란 걸 -   그 래요 -   모

니 는없 - 지만 -   고 백 한것 - 같아 -   좋 아요
를 수도 - 있죠 -   아 니 면모 - 른척 -   하

는 지   오 애 니   -

어제보다 슬픈 오늘

김창환 작사
김건모 작곡
우 디 노래

밤새도록내리던소 - 낙비가 - - 네모습을지울까 - 네가
밤새도록힘들게취 - 한다고 - - 네모습을잊을까 - 어제

떠 난어 - 제보 - - 다 - 도난 오 - 늘이더슬퍼지고 -
네 가했 - 던이 - - 별 - 얘긴 도 - 무지기억이안나 -

나의창에비친아침 - 햇살이 - - 어젯밤을다지울 까 - - 퉁퉁
내얼굴에드리운아 - 침햇살 - - 힘들게나눈 을뜨 - 면 네가

부은내 - 눈속 - - 엔 - 아직 너 - 를보낸눈물이 - 거울 속 에비 - 친내모 습은 괜찮
없는텅 - 빈침 - - 대 - 만이 내 - 이별을말하네 - 거울 속 에비 - 친내모 습은 괜찮

다 며웃 - - 는데 - 거울 밖 에난 - 울고있잖 - 아 - - -
다 며웃 - - 는데 - 거울 밖 에난 - 울고있잖 - 아 - - -

넌 괜찮니지 - 금 도 - 나 는 실감나지않는다 - - - 어제 네가쓰 - 던컵 - 이 아직
넌 괜찮니아 - 직 도 - 나 는 믿어지지않는다 - - - 문득 현관문 - 을열 - 면 네가

응급실

신동우 작사 • 작곡
이 지 노래

회 하고있-어-요- 우리 다투던-그-날- 괜

한 자 존 심 때 문 에- 끝 내 자 는 말을- 해 버린- 거

-야- 금 방 볼줄알-았-어- 날 찾길바-랬

-어- 허 나 며칠이지나도- 아무소식조차-- 없어

항상내게-- 너 무잘해줘-서- 쉽게생-각했나 봐---
언제라도-- 내 편이되준-너- 고마운-줄모르 고---

이젠알아-- 내 고집때문-에- 힘들었던- 너를---
철없이난-- 멋대로한-거- 용서할수- 없니---

98

이 바보- 야진- 짜아- 니야 - - -   아 직 도 나를-   그
이 바보- 야진- 짜아- 니야 - - -   아 직 도 나를-   그

- 렇 게 몰 - 라 -   너 를가- 진 사 -람   나 밖에- 없 는 -데
- 렇 게 몰 - 라 -   너 를가- 진 사 -람   나 밖에- 없 는 -데

제 발나-를 떠 나 가 지 -마
제 발떠 - 나

가   지 마 -   너 하나- 만사- 랑하- 는데 - - -

이 대 로 나를-   두 - 고 가 지마- - - -   나 를버- 리 지 -마

그 냥날-안 아 -줘-   다 시사- 랑 하 게 돌 아

와 - -

이등병의 편지

김현성 작사
김현성 작곡
김광석 노래

집떠

나와   열 차 타고   훈련 소 로   가는날 –   부모
들아   군 대 가면   편 – 지 꼭   해다오 –   그대

님 께   큰절 하고   대문밖   을 나 – 설 때   가슴
들 과   즐거 웠 던   날 – 들   을 잊지않 게   열차

속엔   – 무 엇 인가   아쉬 움   이남   지 만   풀한
시간   – 다 가 올 때   두손 잡   던뜨   거 움   기적

포 기   친 구 얼굴   모든 것   이새   롭 다   이제
소 리   멀 어 지면   작아 지   는모   습 들   이제

다 시   시 작 이 다   젊 은 날   의생   이 여   친구
다 시   시 작 이 다   젊 은 날   의꿈   이

여

짧게

잘린 내 머 리가 처음 에 는 우습다가 – 거울

속에 비친 내 –모습이 굳어 진 다 마음 까 –지 – 뒷동

산에 –올 라 서면 우리 마 을 –보일–런 지 나팔

소리 고 요 하게 밤하 늘 에퍼 지 면 이등

병의 편 지 한장 고 이접 어보 내 오 이제

다시 시 작 이다 젊 은날 의꿈 이 여 –

이제 나만 믿어요

김이나 작사
조영수 작곡
임영웅 노래

그대가되어서 내게와준거 야   굳은비가오 게 이젠나만- -믿어-

-요 -   나의마 - 지막   주인 공이되어 - 다신

누구앞 에서도그대는고개숙 이지마요 - - -   내가 보 지못 했던   홀로

고단했던 시간   고 맙-고 미 안-해- 요 -   사랑해

요 - 이세상-   은   우리를 두 고-오랜장 난-을했

고   우린속 지않은거 야   이제울 지마 요   좋을땐

밤 새-도록맘 껏-웃어 요   전부그대- -꺼니 까

그대는걱 정-말아 요 이젠나만- 믿어 요 -

인사

범 진, 김석열 작사
범 진 작곡
범 진 노래

돌 아 서는너 를 보-며 -　　난 아무 말- 도할-수 없- 었고

- 슬 퍼 하기엔 짧 았-던 -　　나의 해- 는 저-물-어- 갔

네　　　지나 치- 는모-진 기-억-이 -

바람 따- 라흩-어-질- 때면 -　　아무 일- 도없-듯-이-

보내 주-려 해-　　아픈 맘-이 남-지 않-도-록 -　　안 녕-

멀 어지- 는나- 의하-루-야 -　　빛 나지 못- 한나-의-별- 들아

- 차 마- 아 꺼왔- 던말- 이 제서 -야 -

104

잘지 내- 인사를 보-낼 게 -

떠 나 가는너 를 보-며 - 난 아무 말- 도할-수 없-었

고 슬 퍼 하기엔 짧-았-던 --

나의 해-는 저-물-어- 갔 네 돌이 킬- 수없-는 추-억-이

- 바람 따- 라흩-어-질- 때면 -

아무일- 도없-듯-이- 보내주-려 해- 아픈 맘-이 남-지 않-도-록

- 안 녕- 잘지 내- 인사를 보-낼 게 - -

- - 잘지 내- 인사를 보-낼 게

잊었니

홍진영 작사
홍진영 작곡
이승철 노래

떠 오르– 네 요 –– – 잊었 니– 날

잊어버–렸 니 수많은 추억들–은 잊어버–렸니 가슴은– 널

향해팔–벌 려 오늘도간신히–버 티고있–는데 잊었니 여– –– 잊었니

––– 날잊어 버렸니– 아직 난 널기다리–잖– 아– – 사랑이

– 또울고 있잖아– 가슴엔 – 늘눈물이–고– 여– –워–

지워도– 자꾸 지우려–해 도 그대얼 굴이자–꾸 떠오르–네요

지워 도– 자 꾸 지 우려–해 도 그대얼 굴 이자–꾸

떠 오르– 네 요 그대얼 굴 이자–꾸 떠 오르– 네 요

잘 지내자 우리

조은영, 성용욱 작사
성용욱 작곡
로이킴 노래

마 음 을 다 보 여줬-던 너와는 다 르게 - 지

난 사랑에 겁을잔 뜩 먹 은 - 나 - - -는 - 뒷 걸

음 질만 쳤 다 너 는 다 가 오려 - 했

지 만 - 분 명 언젠 - 가 떠나갈 것 이 - -라 - 생

각 해 - 도망 -치 - 기만 - 했 다

같이 구름 걸 - 터앉 - 은 나 무 바 라 보 며 - 잔디

밭에 누- 워한-쪽 귀- 로만 -듣던- 달 콤 한 노래들이 쓰

디 쓴아-픔 이-되어 다시 돌아올것 - 만같아 - 분

명 언젠- 가다-시 스 칠날 - 있겠-지 만- 모 른척 지나 가겠지

- 최 선 을다-한 넌- 받아 들 이겠-지 만- 서툴

렀 던 - 난아직도- 기적을꿈-꾼 다 눈 마 주 치며그-땐 미안했

- 었다고 용 서해 달- 라고- 얘기하 는 -날 - 그때

- -까지- 잘 지 - 내자- 우 리 우 리 -
지 -내 자

금 생 각 해보면 그까짓 두 려움 - 내가 - 바보 같-았 지

- -하며- 솔 직해 질 - 자신 있 - 으니- 돌아오

기만 - 하면 좋-겠 다 - 분 - 눈

마 주 치며 - 그땐 미안했-다 고 - 용 서해달- 라고- 이

야 기하 - 는 날 - 그

때 까지 - - 잘 지내자- - 우리 -

좋니

윤종신 작사
포스티노 작곡
윤종신 노래

주저하는 연인들을 위해

최정훈 작사
최정훈, 김도형, 유영현 작곡
잔나비 노래

나 는 읽기쉬운 맘이야 - 당신

도 스윽훑고 가 셔요 달랠 길없는 - 외로

운 마음 - 있 지 - 머물다 가 셔요 음 - - - 내

게 긴여운을남 겨줘요 사랑을 사랑을 해 줘요

할 수 있 다면 - 그럴 수만있 - 다면 - 새하얀 빛 으로 그댈비춰

줄 게요 - 그 러 다 - - 밤 이찾아 오 면 우리

둘만의 비밀 을새 겨요 추 억할그밤위 에 갈

피 를 꽂 고 - 선 남 몰 래 펼쳐 - 보 아요 -

나

의   자라나는 마 음을 -   못 본채   꺾어버릴 순 없

네   미 련남 길바엔-   그리워 아픈 -게나아-   서둘러

안 겨본   그품은따스 할 테니- 그 러 다 - -   밤 이찾아

오 면   우리 둘만의   비밀 을새 겨요   추 억할그밤위에 갈

피를꽂고-선   남몰 래 펼쳐 보아 요   언 젠가 - -   또그날이온

대 도   우린 서둘러   뒤돌 지말 아 요   마 주보던그대로   뒷

걸 음치 면- 서   서로 의 안녕을 보아 요

천년의 사랑

이현규 작사
유해준 작곡
박완규 노래

이 토록 – 널 보낼수는없다고 밤 을새 워 간 절히기도했–지만

더 이상 – 널 사랑할수없다 면 차라리 –나도– 데 려 가

내 마 지 막 소–원은– 하 늘이– 끝내– 모른–척

저 버린–대– 도 불 꽃 처 럼 꺼지지 않는– 사랑 – –으로–

영 원히– 넌가– 슴속–에 타오를 테니– 나 를 위 해서– 눈

물 도 참 아 야 했던– 그 동안– 에넌– 얼마–나 힘이들 었니– 천

년 이 가도– 난 너를잊을수없어– 사랑 했기 때 문 에

에 나 를 위 해서– 눈

물 도 참 아 야 했던– 그 동안– 에넌– 얼마–나 힘이들 었니– 천

년 이 가도– 난 너를 잊 을 수 없어– 사 랑 했 기 때 문

에 사 랑 했기 때 – 문 – 에

총 맞은 것처럼

Hitman Bang 작사 · 작곡
백지영 노래

Ab / Fm7

총 맞은것처– 럼 　　정신이너무 없 어
이 　　나도모르게 흘 러

Fm7 / Bbm7 / Bbm7/Ab / Gb

웃음만나와– 서 　그냥웃었어 – 　그냥웃었어 – 　　그냥
이러기싫은– 데 　정말싫은데 – 　정말싫은데 – 　　정말

Eb / Ab / Fm7

– 허탈하게웃 으 며 – 　　하나만묻자 했 어
– 일어서는널 따 라 – 　　무작정쫓아 갔 어

Fm7 / Bbm7 / Bbm7/Ab / Gb

우리왜헤어– 져 　어떻게헤어 져 　어떻게헤어 져 　　어떻게
도망치듯걷– 는 　너의뒤에서 – 　너의뒤에서 – 　　소리쳤어

Eb / Ab / Fm7

– 구멍난가슴– 에 　우–리 　추억이흘러 넘 –쳐

Fm7 / Bbm7 / Bbm7/Ab / Gb

잡아보려해– 도 　가슴을막아– 도 　손가락사이 로 빠져– –나가

Eb / Ab / Fm7

– 심장이멈춰– 도 　–이–렇게 　아플것같진 않 –아

어떻게좀해– 줘   날좀치료해 줘   이러다내가 슴 다망– –가져

– 구멍난가슴 이   어느새눈물– –   총 맞은것 처   럼   정말

– 가슴이너무 아–파   오– – 이렇게아픈– 데   이렇게아픈

데   살수가있다 는 게이– –상해 –   어떻게너를 잊   어– 내–가

– 그런거나는 몰–라   몰라 – 가슴이뻥뚫– 려   채울수없어

서   죽을만큼 아 프기– –만해 –   총맞은것처 럼   우– –

–

취중진담

김동률 작사 · 작곡
전람회 노래

그 – 래　　　난　취했는지도 몰– 라 –
지만 꼭 오늘 밤– 엔 –

실수인지도 몰라 –　　아 침 이 면 –　　까마득히　　생각이
해 야 할 말 이 있어 –　　약 한 모습 –　　미 안 해 도　　술 김 에

1. 안나 불안해할지도몰 라 – –　　2. 하 하 는 말이라생각지는 마　　언제

나 – – 네앞 에　　서면 준 비 했 었던말도왜난 반대로말해놓 고　　돌

아서후회하는지　　이 젠 고 백 할 게 첨 부 터 너를사랑해왔 다　　고

이 렇 게 널 사 랑 해－－　　어 설 픈 나 의 말 이　　촌 스 럽－
이 런 일 없 을 거 야－－　　아 침 이 밝 아 오 면　　다 시 한－

고－ 못 미 더 워－ 도－　　그 냥 하 는 말 이 아 냐－ 두 번 다 시－－
번－ 널 품 에 안－ 고－　　사 랑 한 다 말 할

게－－ 자－ 꾸　　왜 웃 기 만 하 는 거－ 니 －

농 담 처 럼 들 리 니 －　　아 무 말 도 －　　하 지 않 고　　어 린 애

보 듯 바 라 보 기 만 하 니　　언 제 이 런 얘 기 하 는 그 런 사 람 은 아 냐　너 만 큼－이－

나　　나 도 참 어 색 해－　너 를 똑 바 로 쳐 다 볼 수 없 어 자 꾸 만 아 까 부 터　　했

던 말 또 해 미 안 해－－－　하 지 만 오 늘 난 모 두 다 말 할 거 야　　　　－

게－－ 널 사 랑 해－－　　이 렇 게 널 사 랑－ 해－－

헤어지자 말해요

박재정 작사
박재정, 박현중 작곡
박재정 노래

헤어지자- 고말-하려 - 오늘- 너에게 가다가 -우리- 추억

생 각해-봤어- 처음본 네얼굴 -음- - 마주친 눈동자 -우-워- 가까

스 로 본 너 의 그미-소들 - 손을잡고 - 늘걷-던 거

- 리에- 첫눈을 보다가 -문 득- 고백 했 던그-순 간- 가보고

싶었던 - 식당- 난생처음준비한 -선-물- 고맙 다 는 너 의

그 눈물-들이 - 바뀔 까 봐두-려 워- 그 대 먼 -저 헤어 -지자

말 해요- 나는사 실 그대에게 좋은사 람 이아-네 요--- 그 대

이 -제 날떠 -난다말 해요- 잠시라도 이 -행복을- 느껴서

고 마웠-다 고 - 시간이지 - 나고 - - 나면

- 나는- 어쩔수 없을걸 -문득- 너의 사 진보-겠지- 새로사

귄친구 - 함께- 웃음띤 네얼굴 -보-면- 말할수 없을 묘

한 감정-들이 - 힘들 단 걸알-지 만- 그 대 고마웠-다고--- -우워

- - 한번은널볼 수있 -을 - 까 이기적인- 거나 -도 잘

123

알아 - - - 그땐 그 럴수-밖에 - 없던어 린 내 -게

한 번만-더 기 회를-주- -길 -

그 댈 정 -말 사 랑 -했 다말 해요- 나는사

실 그대에게 좋은사 람 이되-고 싶- -었어 - - - -

영 -영 다신 -못본다 해도- 그댈위한 이 - 노래가- 당신을

영 원히 -사랑 - 할 테니-

가시나무

하덕규 작사 · 작곡
조성모 노래

내속 엔 내가너무도 많아 – 당 신의 – 쉴 곳 없 네 내속
엔 내가어쩔수 없는 – 어둠 – 당 신의 – 쉴 자리를 – 뺏 고 내속

엔 헛된바램 들 – 로 – 당신 은 편할곳 없 네 내속
엔 내그이길 수 – 없는 슬픔– 무성 한 가시나무 숲 – 같

네 바 람 만 불 면 – 그메마른가 지 서 로 부댓 기며 울어대고

– 쉴곳 을 찾아 – 지쳐날아 온 – 어린 새들 도– 가시에 찔려날아 가

고 바 람 만 불 면 – 외롭고또괴로 워 슬픈 노래 를– 부르던 날이많았 는

데 내속 엔 내가너무도 많아 –서 – 당신 의 쉴곳 없 네

125

가을을 남기고 간 사랑

박춘석 작사 · 작곡
패티김 노래

가을을 – 남기고떠 난 사 랑 – 겨울

은 아직멀 리 있 는 데 사랑할 수 록 – 깊 어가는

슬 픔의– 눈물은 향기로운– 꿈 이었 나 당신

의 눈물이생 각 날 때 – 기 억

에 남아있 는 꿈들이 – 눈을감 으 면 – 수 많은

별이 되어– 어두운 밤하늘에– 흘 러 가 리 아

그대 –곁에 잠들고 싶어라 날 개 를 접은철

새 처 –럼 – – – – 눈 물

로 쓰 여진그 편 지 는 – 눈 물

로 다시지 우 렵니다 – 내 가슴 에 봄은멀

리 있지만 내 사 랑 꽃 이 – 되 고 싶 어

라

겨울비

신대철 작사
김종서 작곡
김종서 노래

128

겨울이야기

하광훈 작사 · 작곡
조관우 노래

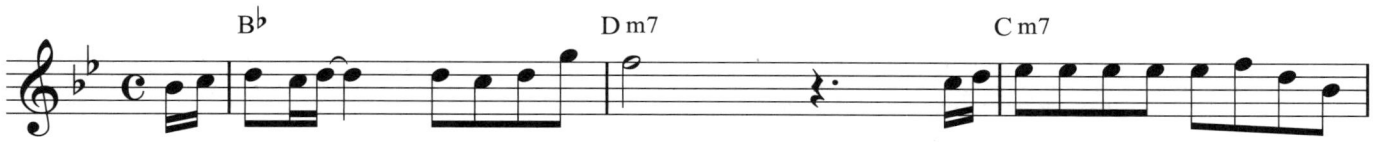

내겐 - 잊혀지 지않 - 는 겨울 애 기가 - - 있어 - 그 애 기

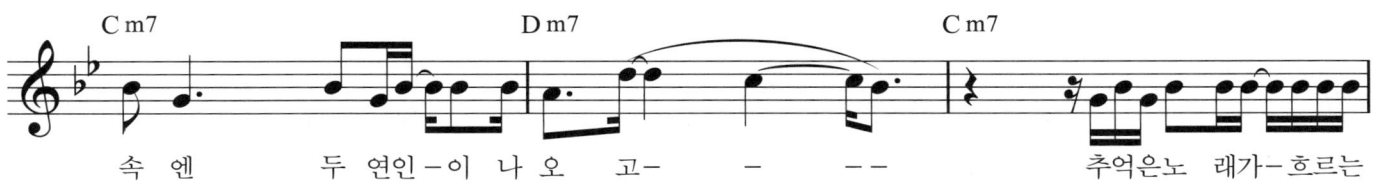

속 엔 두 연인 - 이 나 오 고 - - - - 추억은 노 래가 - 흐르는

까 페도 - - 있고 - 아직도 난 - 널 - 사랑 - 하 고 -

129

모두들 떠있-던 축 제의--그날-

그녀가날 이끈- 그 곳 엔- - - - 아주작 고어-린 소

녀 가날--보며- 메- 리크리스 마스 웃 고있-었 네 기억

하 나요- 우 리 사 랑 -을 - 그땐 서 로 의 아 픔 을 함 께

했 - -었 죠 이 젠 무 엇 도 남 아 있 진 - 않

지 만 하얀 눈 내 리 던 그 날 의 입 -맞춤 을 기억 해

요 너를기 다 리 -던

나 의꿈--들은- 눈속어 딘가-에 묻 혔 고- - -

130

그날

이철식 작사 • 작곡
김연숙 노래

언 덕 위

에   손 잡 고   거닐던 길   목 도   아스라 이   멀 어
는   가 슴 이   서러워 아   파 와   한숨지 며   그 려

져간 —   소중했 던   옛 생   각-을 돌   이켜그   려-보 네   나 래 쳐
보는 —   그사람 을   기 억   하-나 요   지금잠   시-라 도

도   달 의미   소-를 보   면서   내 너   의 두   손을잡

132

고　　두나별　들의　눈물을보　았지　고요　한　세一상

을一우一一우一一一一一一一一一一　한아름

의　　꽃처럼　　보여지며　던진　내사랑에　　웃음

지며一　님의소식　전한　마一음한　없이보　내一본다

C　　　　　　　　G　　　　　F　　E7　　Am

한　　없이보　내一본다

D.S.

그대 고운 내 사랑

윤민석 작사 · 작곡
이정렬 노래

세상에 지쳐 가 던 내 게 - 그 대 는 다 - 가 와 -
잊었던 희망의 노래 가 - 새 록 새 록 - 솟 고 -

가 물 어 갈 라 진 가 슴 에 - 단 비 를 주 - 었 죠 -
그 댈 그 리 며 사 는 날 들 -

꿈 만 같 - 아 - 요   그 대 고 운 내 사 - 랑   오 월 의 햇 살 같

그대는 나의 인생

박건호 작사
김희갑 작곡
최진희 노래

나

오직 그대를 사랑해- 그 사랑 변하지 마오- 우린 비 밀이 없어

요 꿈과사랑 을나 누어 요 그대는 나의 인생 - 인 생

아 직은 아 쉬 움 도 있지만- 그대는 나 의 인 생 - 인 - 생

우리는선택했어 요 나 오직 그대를 사랑해- 그 사랑 변하지

마-오- 우린 모 든것 다주어 요 그 대 나 의인생이기 에 밤

밤 - 밤밤 밤 바바밤 밤 밤 밤 - 밤밤 밤 바바밤 밤 밤

F.O.

그리움만 쌓이네

여 진 작사 · 작곡
노영심 노래

기다린 날도 지워질 날도

오태호 작사 · 작곡
이승환 노래

기 다 린 날 — 도 지 — 워 질 날 도   다 그 대 를 위 — 했 던 시 — 간 인 데 이 렇 게
더 이 상 내 — 게 무 — 얼 바 라 나   수 많 은 의 미 — 도 필 요 — 친 않 아   그

— 멀 어 져 만 가 는 — 그 대 느 낌 은 음 —
저 웃 는 그 대 모 습 — 보

고   싶 은 데 —   너

언 제 까 지 — 그 대 를 그 리 워 해 아 무 런 말 도 못 — 하 고 —   지 금

— 떠 난 — 다 면 —   볼 수 도 —   없 는 데 —   그 대 를

사 랑 한 단 — 그 말 을 왜 못 하 나 원 하 는 그 대 앞 에 서 — 모

138

아 둔 시 - 간 도 -   이 젠 - 없 - - 는 데

- 기 다 린 날 - 도 지 - 워 질 날 - 도 다
더 이 상 내 - 게 무 - 얼 바 라 - 나 수

그 대 를 위 - 했 던 시 - 간 인 걸 -   이 렇 게   멀 어 져
많 은 의 미 - 도 필 요 - 친 않 아 -   그 저 -   웃 는 그

만 가 네 -   그 댄   떠 나 나 -
대 모 습 -   보 고   싶 은 데 -

너

음 - - 음 - - 라 - - - 라 - - -

라 - - - 라 - - -   라 - - - -

기억날 그날이 와도

오태호 작사 · 작곡
홍성민 노래

변치않는 – 사랑이 라 서로 얘기하진않–았어–도 –

너 무 나 정 들 었 던 지난 – 날 – 많지않은 – 바램들 의 벅찬

행–복은없 었 어도 – 이별 은 아 니 었잖 아

본 적없는사 람 들 에 둘러싸인네모습 처럼 – 날수없는새 가 된다 면

네가남긴그 많 았 던 날 –내사–랑– – 그 대 조용히 떠 나 기억

140

날 그날이와도 그땐 사랑이 아냐 스치

우는 바람결에 느낀 후회뿐이지— 나를 사랑했어도 이젠

다른 삶인걸 가리워진 곳의 슬픔뿐—인

걸 (기억) *Guitar ad. lib.*

걸 기억 날 그날이와도 그땐 사랑이 아냐 스치
를 사랑했어도 이젠 다른 삶인걸 가리

우는 바람결에 느낀 후회뿐이지— 나 워진 곳의 슬픔뿐—인 걸

꽃밭에서

이종택 작사
이봉조 작곡
정훈희 노래

143

꿈

조용필 작사 · 작곡
조용필 노래

화—려한 도시를 — 그리며 찾 아 — 왔 네
여기저기 헤매다 — 초라한 문 턱 — 에 서서
사 람들은 저 마다 — 고향을 찾 아 — 가 네
미 궁속을 헤매다 — 초라한 골 목 — 에 서

그 — 곳은 — 춥 고 — 도 험 — 한 곳 — — —
뜨 — 거운 — 눈 물
나 는지금 — — 홀 — 로 남 — 아 서 — — —
뜨 — 거운 — 눈 물

— 을 먹 — 는 다 —
— 을 먹 — 는 다 —
(D.S.) 머 나 먼 길 — 을 찾 아
저 기 저 별 — 은 나 의

여 기에 — 꿈 을 찾 아 여 기 에 — — — 괴 롭 고 도 — 험 한
마 음 알 까 나 의 꿈 을 — 알 — 까 — — — 괴 로 울 땐 — 슬 픈

— 이 길 을 — 왔 는 데 —
— 노 래 를 — 부 른 다 —
(D.S.) 이 세 상 어 — 디 — 가
슬 퍼 질 땐 — 차 라 리

숲 인 지 어 디 가 늪 — 인 — 지 — — — 그 누 구 도 — — 말 을
나 홀 로 눈 을 감 고 — 싶 — 어 — — — 고 향 의 향 — 기 — 들

— 않 네 —
으 — 면 서 —

16

D.C.
(Rep.)

D.S. al Coda

144

내게 남은 사랑을 드릴께요

함경문 작사
하광훈 작곡
장혜리 노래

스 치 는바— 람결에— 사랑노 래들—려요 내곁에 서떠— 나 버 렸던 —
어 둠 이지— 나가—고 내일이 찾아—오면 애태웠 던지— 난 날 들이 —

그 립 던 사 랑의— 노래들려 와— 내 맘 은 떨 려 요
내 게 로 살 며시— 다시다가 와— 줄

것 만 같 아 요 이제는 울 지 않 을래— 이별은 너무아파요

— 다 시 떠난 다 해도— 내 게 남은 사랑을 드 릴 —게—요 기

억 하 지 는 않 아도— 지 워 지 지 가 않 아요— 슬 픔 뒤 밀 려 드 는

그 리 움 세 월 이 변 한 다 해도— 언 제 까 지 나 그 대로—

내 곁에— 머 물 러 줘 — 요 —

D.C. al Coda

— 요 —

내 사랑 내 곁에

오태호 작사 · 작곡
김현식 노래

나 —의모든사 랑이— 떠 나 가는——날이— 당 신의— 그 웃 음뒤—에—서
시 —간은멀어 집으— 로 향 해가——는데— 약 속—했 던 그 대만—은—올

함 께 하—는데— 철 —이없는욕 심에— 그 많 은 미 련에 — — — —
줄 을 모—르고— 애 —써웃음지 으며— 돌 아 오 는—길은—

당 신이— 있 는건아 닌지— 1.아 니겠지 요

왜 그 리—도—낮 설고— 2.멀 기만 한 —지— 저 여 린 가 지 사 이로— 혼

자 인날— 느낄때 이렇 게 아픈— 그대 기 억이— 날까— —

내 사랑그대— 내 곁에 있어줘— 이 세 상 — 하나뿐— 인 — 오

직 그 대—만이— 힘 겨운날에— 너 마 저 떠—나면—

비 틀거—릴 내 가 — 안길 곳 은 —어디에—

비 틀거—릴 내 가 — 안길 곳 은 —어디에

비 틀거—릴 내 가 — 안길

곳 은 —어—디에

D.S. al Coda

저

rit.

너에게로 또 다시

박주연 작사
하광훈 작곡
변진섭 노래

얼 마나   오랜 시간을 －   짙은 어둠 에 서 －   서성
고 싶던   모든 일들은 －   때론 잊 은 듯 이 －   생각

거 렸 나   내 마 음을   닫아 둔 채로－   헤나
됐 지 만   고개 저 어도   떠오 르 는건－   나

매 이다－   흘 러 간 시간－   잊
를 보던－   젖 은

그 얼굴－   아 무 런 － 말없이   떠나 버려도 －   때로

148

널 잊을 수 있게

이기찬 작사
이현정 작곡
이기찬 노래

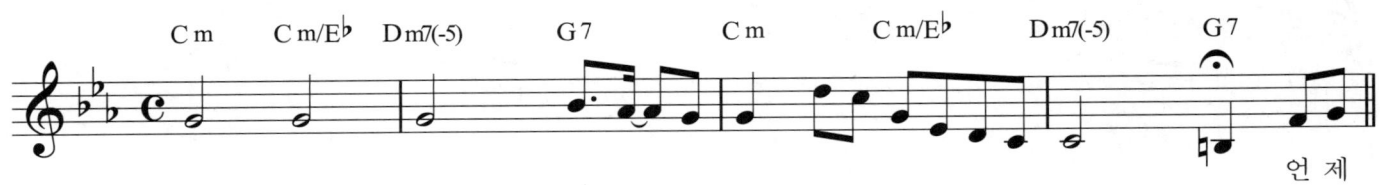

언 제

나　　네 주-위 를　　헤 매-이 는　　내 마-음 을　　이 러

면　　안 된-다 고　　다 짐-해 도　　다 소 용-없 -지　너 에

게　　사랑하 는사-람이 -　　있는걸 알면-서도 -　왜 포 기 못 하

는　지 -　여 전 히　작은우 연이-라도 -　내게보 내줄- 거라

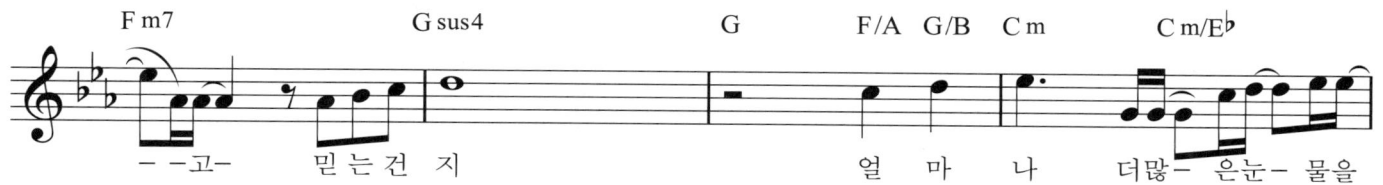

고─ 믿는건지　얼마나　더많─은눈─물을

─ 더많─은시─간을 ─ 버려─ 야만─ 하는 ─ 거니─　잊으

려 했던아─픔은　이것으 로─내 ─겐　충분한 ─걸 ─ 그래

도 지울─ 수없─ 다면 ─　잊을─ 수없─ 다면 ─　내가─ 날버─ 릴수

─ 밖에─　아무 것　도남 지─않 게　제발 널─잊

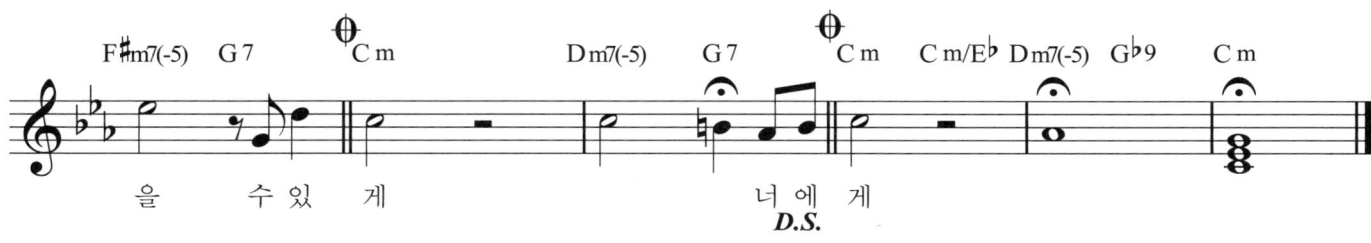

을 수있 게　너에게

D.S.

다 줄거야

조규만 작사 • 작곡
조규만 노래

그대 내게 다 가오 - 는그 - 모습 - 자꾸 다시볼 수없 - 을것 - 만
많이 외로웠 던거 - 니그 - 동안 - 야 위 어가는 너를 - 며느 - 낄
많이 지쳐있 던거 - 야그 - 동안 - 자꾸 야위어가는너 를보 - 며느 - 낄

같 아서 - 감 은 두눈뜨지못 한거 - 야 너를내게보 내준 - 걸 감 사
수 있어 - 너 무 힘이들때실 컷울 - 어 눈물속에아 픈기 - 억 떠 나
수 있어 - 너 무 힘이들때실 컷울 - 어 눈물속에아 픈기 - 억 떠 나

할 뿐야 - 고 마 울 뿐야 - 보 낼게 - 내품 - 에

서 - - - 서 글 픈 우리의 지 난날 - 들 을 서로

152

153

당신도 울고 있네요

박건호 작사
최종혁 작곡
김종찬 노래

당 신은 울-고 있 네요   잊을 줄 알았었 는 데
이 렇게 만나게 될 줄을   그누 가 알았던 가요

찻잔 에어 -리 는 추 억을 보며   당신 도울 고 있네 요
옛날 에옛 -날 에 내 가울 듯이

한때 는당 신 을미 워 했지요   남겨 진상 처 가

너무아 파 서   당신 의얼 굴이 떠 오를 때면

154

나혼 자방황했 – 었죠   음 –   당 신 도 울 고

있   네 요   잊은 줄 알았었 는 데

옛날 에옛 –날 에 내 가울 듯이   당신 도울 고 있네

요

D.S. 요

옛날 에옛 –날 에 내 가울 듯이   당신 도울 고 있 네

요

155

동행

최성수 작사 · 작곡
최성수 노래

아 직 도 내게 슬 픔 이   우 두 커   니 남아 있어 요   그 날
빈 밤을 오 가 는 날은   어 디 로   가야 만 하 나   어둠

을   생각하자 니   어 느 새   흐려진안 개   워 헤매는 미로 ─
에   갈곳모르 고   외로

누 가나와같 ─ 이 함 께 ─   어 줄 사람있나 요   누 가나와같이

함 께 ─   따 뜻 한 동행이 될 까   ─   사 랑 하고 싶어

요 빈 가 슴채울 때까 지   사 랑하고 싶어 요 ─ 사 랑 있는날 까

지

D.S. al Coda   *rit.*

156

미소를 띄우며 나를 보낸 그모습처럼

이은하 작사
장 덕 작곡
이은하 노래

나를위해 울지 말 아요 – 나를위해 슬 퍼 말아요 – 그 렇 게 바라보 지말 아 요

– 의 미 를 잃어버린그 표정 – 날 사랑 하지 말 아요 –

너무늦은 얘기 잖아요 – 애 타 게 기다리 지말 아 요 – 사 랑은 끝났 으니까 – 그때왜

– 나 를– 그냥 떠나가게했 나 요 – 이렇 게 다 시후–회할 줄알았다 면 – 아픈

시 련속에 – 방황하지 않 았 을 텐데 – 사랑은 – 이제 – 내게

남아있지않아 요– 아무 런 느 낌 가질 수없 어 요 – 미소 를 띄우 며 –

나를보낸 그 – 모 습 처럼 –

D.S. al Coda

그대왜

나를보낸 그– 모 습 처럼 – 나를보낸 그– 모 습 처 럼 –

미소 속에 비친 그대

신승훈 작사 · 작곡
신승훈 노래

너는 장미보다 아름답진 않지만— 그보다더진 — 한

향기가 — 너는 별빛보— 다 — 환하진않—지만— —

그보다 더따— 사 로—와 — 탁 자 위에 놓인 너의

사 진을 보며— 슬픈목소리 — 로 불러 보— 지만—

아무말 도없— 는 — 그대 나만을바—라보며— 변함없 는 미 소

를 주네— 내가아는사 랑은— 그댈위한 나 의마— 음

그 리고— 그대 의—미 소 내가아는이 별은—

바위섬

배창희 작사 · 작곡
김원중 노래

파 도

가　부서지는 바　위섬　　인　적 없던이곳 에　　세상 사　람들 하나
밤　폭풍우에 휘　말려　　모　두사 – 라지 고　　남은 것　은 바 위섬

둘　　　모　여들 더 니　　어느 흰　파도 라 네　　바위
과

섬　너는내가 미 워도　　나　는너를너무 사　랑해　　다　시 태어 나지

못　해도　너 를사 랑 – 해　　이제 는　갈매기도 떠 나고　　아 무도 없지

만　나는 이 곳 바위섬 에　　살 고싶 어 라　　바위

라　나는 이 곳 바위섬 에　　살 고싶 어 라 –

160

비처럼 음악처럼

박성식 작사 · 작곡
김현식 노래

비가내리고 음 악이흐르면 난당신을 생각해요 - 당

신 이떠나시던 그 밤에 이렇게비가왔어요

난 오늘도 이 비를맞으며 하루를그냥보내요 - 오 아름다

운 음 악같은 우리의 -사랑의이 야기들-은- 흐르

는 비처럼 너 무아프 기때문이죠 오 -

그렇게아-픈비 가 왔 어 요 오 오 오 - 오

D.S. al Coda

rit.

비와 당신

방준석 작사 · 작곡
박중훈 노래

다 신   안 올텐 – 데 –   잊지못한내가 싫 은 데   오 – –

언 제   까 지나 –   맘 은 – 아 플 – 까 –

사랑과 우정사이

오태호 작사 • 작곡
피노키오 노래

머리를 쓸 어올리 는 너의 모 습   시 간은
헤 어짐을 아 는나 에 겐   우 리의

조 금씩 우리를갈 라놓 는데   어 디 서 부 턴지 무엇 때문 인
만 남이 짧아도미 련은 없네   누 구 도 널 대신 할 순없 지

지   작은너 의 손을 잡 기도   난 두 려워   어차피
만   아닌건 아닌 걸   미 련 일뿐

멈 추고 싶던순 간 들   행 복한 기억   그무 엇 과도 바꿀 수가 없

던 너를   이 젠   나 의 눈물 과 바꿔야하나   숨 겨온 너의진 심을

알 게 됐 으니 사 랑보 다면   우정보 다는가까운   날 보 는 너 의그 마음을
연 인 도 아닌   그렇게 친구도아닌   어 색 한 사 이가 싫어져

이 젠 떠 나리   내 자 신 보다   이세상 그 누구 보다 널아 끼
나 는 떠 나리   우 연 보 다도   짧았던 우 리의인 연그 안에

던   내가미워 지네 -
서   나는널떠 나리 -

사 랑 보 다면 -   우정보

다 는 가 까 운   날 보 는 너 의그 - 마음을 이 젠 떠 - 나리 -

내 자 신 보다 -   이세상 그 누 구 보 다 널 아 끼 던   내가미워 지네

-    연 인 도 아닌 -   그렇게 친 구 도 아 닌

어 색 한 사 이가 - 싫어져 나 는 떠 - 나 리 -   우 연 보 다도 -   짧았던

우 리 의 인 연 그 안 에 서   나는널떠 나리 -

D.S. al Coda

F.O.

사랑을 할거야

이성환 작사 · 작곡
녹색지대 노래

이 젠 나 도 널 잊겠어
런 나 를 욕 하지마

너 무 힘 이 들 잖 아 — 원 하 는 대로— 해 줄 순 있 지만—
후 회 할 지 도 몰 라 — 철 없 는 생각— 시 간 이 흐 르면—

난 더 이상 해 줄 게 없 어 그 그 땐 이미 늦 은 걸 —

모 든 것 을 주 는 그런 사 랑 을 해 봐 — 받 으려 — 고 만 하 는 그런

166

사 랑 말 고 - - - 너 도 알 고 있 잖 아 - 끝 이 없 는 걸 -

서 로 참 아 야 - 만 하 는 걸 - 사 랑 을 할 - 거 야 - -

사 랑 을 할 - 거 야 - 아 무 도 모 르 게 - 너 만 을 위 - 하 여

나 를 지 켜 - 봐 줘 - - 나 를 지 켜 - 봐

줘 아 무 도 모 르 는 사 랑 을

D.S. al Coda

을 워 - - 워 을

167

사랑의 서약

김광진 작사 · 작곡
한동준 노래

그 토록 바 라 던 시 간 이 왔 어 요 모 든 사 람 의
세 월 이 흘 러 서 병 들 고 지 칠 때 지 금 처 럼 내
이 룰 수 없 다 고 슬 퍼 했 던 날 들 낯 설 었 던 그

축 복 에 사 랑의서 약을하고 있 죠 나 요 함께걸 어 가 야
곁 에 서 서로위로 해줄수 있 있 죠 함께
이 별 도 이젠추억 이라할 수

할 수많은 시 간 앞 에 서 우리들 의 약속은 언 제 나변 함 없 다는- 것

을 믿 나 -요- 힘든 날 도 있 겠죠 하지만 후 횐 없 어 요 저하늘

이 부르는 그 날 까지사랑 만가 득 하 다는 것- 을 믿 어 요

Fine

D.S. (No Rep.)

168

사랑하기 때문에

유재하 작사·작곡
유재하 노래

처음 느낀 그대눈-빛은 　혼자만의 - 오해였 던가요
내- 곁을 떠나가-던 날 　가슴에품 - 었던 분홍빛의
커- 다란 그대를-향 해 　작아져만 - 가는 나 이기에

해 맑은 미소로- 나를 　바보로만 - 들었소
수 많은추-억-들 이 　푸르게바 - 래졌소
그 무슨 뜻 이라- 해 도 　조용히따 - 르리오

어 제는 떠 난 그대를- 잊지 못 하는- 내가 미 웠죠-
어 제는 지 난 추억을- 잊지 못 하는- 내가 미 웠죠-

하 지만- 이 -제 깨달아요 - 그대만의 - 나였음 - 을 다 -시

돌 아온그 - 대위해 - 내 모든 것 드 - 릴테요 - 우-리

이대로영 - - 원히 - 헤 어지지 않 으 리

나 오직 그 -대-만을 사 랑하기 - 때문 에

에 사 랑하기 - 때문 에 -

D.C. al Coda

사랑의 대화

조정열 작사 · 작곡
이정석, 조갑경 노래

는 그 대를 사랑 해   그 대곁 에   있고싶어 요   나 도   그대가좋아

－   이 세 상 모 두가 －   변 한 다 해도 －   난 그 대 만   생 각 － 할 래

요   그 대   반 짝 이 － 는 두눈을 보면 － 내마 음

나 도 모 르게 － 포 근 해   그 대   미 소 짓 － 는 얼 굴 을 보면 － 내 맘 도

170

흐 뭇해– 그 대여 아 아 사랑 하는나–의 님이여 – 하 늘 처럼

– 소 중한 그 대여– 내 인 생 의불– 을 밝 혀 주신 님이여 그

대 내 곁에 – 만 있어준다면– 아 무도 부럽지– 않 아 요

날 알고있는지 – 그 대마 음 알고싶어 요 나 를 사랑한 다면

– 아 무런 얘기도 – 필 요 친않아 – 난 그대 를 정말사 랑해 –

그 요 그 대

여

사랑하기에

조정열 작사 · 작곡
이정석 노래

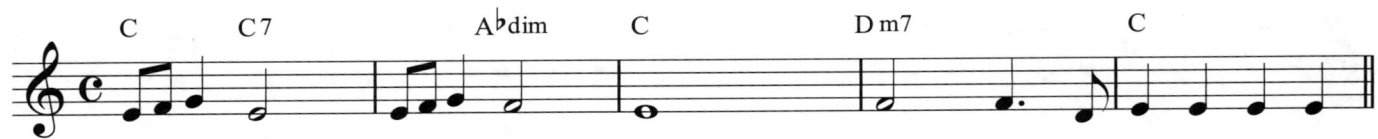

사 랑 하 기에— 떠 나 신 다는— 그말나는 믿 을 수 없

어 사랑한다면— 왜 헤 어 져 야해— 그말—나는 믿 을수없 어

하 얀 찻 잔을— 사 이 에 두고— 그대에게 하 고 싶 은 말

사랑한 다는— 말 하 기 도 전에— 떠나— 가면 나 는어 떡 해

홀 로 애 태웠— 던 나 의 노 래가— 오 늘 이밤— 다시 들 릴듯한데—

172

173

사랑합니다

김태훈 작사
SKY 작곡
이재훈 노래

행 복합– 니다– 내 소 중한– 사랑– 그 대 가있–어 세– 상이–

더 아름– 답죠– 난 행 복합– 니다– 그 대 를만– 난건– 이

세 상이–나 에 게준 선 물인– 거죠– 나의 사 랑 – 당신을

174

사랑해도 될까요

심현보 작사 · 작곡
유리상자 노래

문

이 열 리 네요 - 그대 가 들 어 오죠 - 첫눈 - 에난 - 내 사 람인 - 걸

알 았 죠 - - 내 앞 에 다 - 가 와 - 고 개

숙 이며 - 비 친 얼굴 - 정 말 눈 이 부 시 - 게 아 름답죠 웬일인

지 - 낯설지 - 가않 - 아 요 - 설 레 고 있 죠 - - 내맘 을모 - 두

176

가 져간─그 대─
참많은이별 ─ 참많은눈물─ 잘

조심스럽게 ─ 애기할래요─ 용

기 내볼─래 요─ 나 오 늘부─터 그 대를─ 사랑
견 뎌냈─기 에─ 좀 늦 었지─만 그 대를─ 만나

해 도될─까 요 처음인걸요 ─ 분명한느낌 ─ 놓 치
게 됐나─봐 요 지금내앞에 ─ 앉 은사람을─ 사 랑

고─싶지─ 않죠─ 사랑이오─려나─ 봐요─ 그 대에겐
해─도될─ 까요─ 두 근거리─는맘─ 으로─ 그 대에게

1. 늘 좋은것 만줄─게 요

웬일─인지

D.S. al Coda (No Rep.)

2. 고 백할─게 요 조심스럽게 내가그대 를 사랑해─도

─ 될 까 요

177

사랑했지만

한동준 작사 · 작곡
김광석 노래

어 제 는 하 루 종 일 — 비 가 내 렸 어
귓 가 에 은 은 하 게 — 울 려 퍼 지 는

— 자 욱 하 게 내 려 앉 은 — 먼 지 사 이 로
— 그 대 음 성 빗 속 으 로 —

— 사 라 져 버 려 —

때 론 눈 물 도 흐 — 르 겠 지 — 그 리 움 으 로

— 때 론 가 슴 도 저 — 리 겠 지 —

서른 즈음에

강승원 작사 · 작곡
김광석 노래

또

하루 멀어져 간 다   내 뿜 은 담 배연기 처   럼

작 기 만 한 내 기 억 속 에   무 얼 채 워 살 고 있 는 지   점

점 더 멀 어 져 간 다   머 물 러 있 는 청 춘 인 줄

알 았 는 데   비 어 가 는 내 가 슴 속 엔   더

아 무 것 도 찾 을 수 없 네   계 절 은 다 시 돌 아

180

오 지 만 떠 나 간내 사 랑 은 어 디 에 — 내

가 떠 나 보 낸 것 도 아 닌 데 내 가 떠 나 온 것 도

아 닌 데 — 조 금 씩 잊 혀 져 간

다 머 물 러 있 는 사 랑 인 줄 알 았 는 데 또

하 루 잊 혀 져 간 다 매 일 이 별 하 며 살 고 있 구

나 매 일 이 별 하 며 살 고 있 구 나 매 일

이 별 하 며 살 고 있 구 나

D.S. al Coda 나

181

세상이 그대를 속일지라도

이상호 작사
유영석 작곡
김장훈 노래

흔들리－는그대 를 보면－   내 마음－ 이 더 아
한없이－울고싶 어 지면－   울 고싶－ 은 만 큼

픈 거죠－   그댈 떠 나 버 린 사 람 이   누 군 지 몰 라 도－   이
울 어요－   무슨 얘 기 를 한 다 해 도   그 대 의 마 음 을－   위

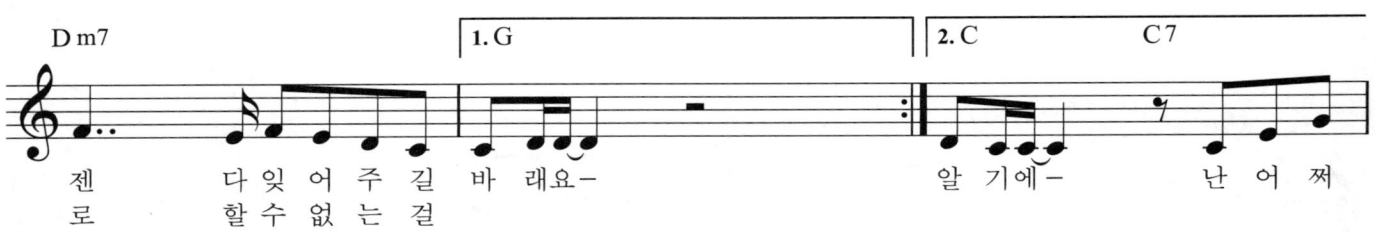

젠   다 잊 어 주 길 바 래요－   알 기 에－   난 어 쩌
로   할 수 없 는 걸

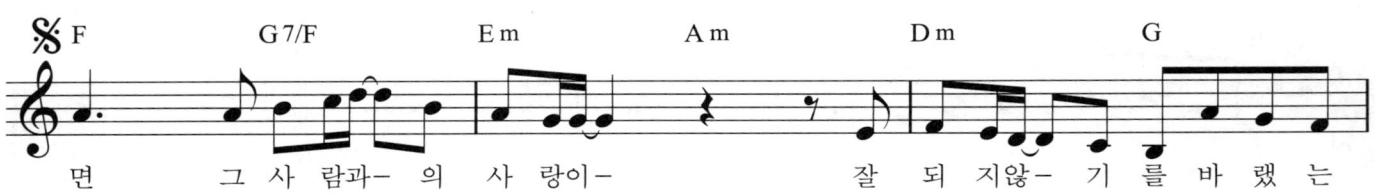

면   그 사 람 과－ 의 사 랑 이－   잘 되 지않－ 기 를 바 랬 는

지 도 몰 라 요 - 그 대 를 - 볼 때 면 늘 안

타 - 까 웠 던 거 죠 - 우 리 의 만 - 남 이 조 금

늦 었 다 는 것 - 을 이 젠 모 든 걸 - 말 할

수 있 어 요 - 그 누 구 보 다 - 그 댈 사

랑 했 음 을 세 상 이 그 대 를 속 일 지 몰 라 도 - 내 가

그 대 곁 에 있 음 을 - 기 억 해 요

난 어 쩌 요 이 젠 모 든 걸 - 말 할

- 기 억 해 요

183

슬픈 바다

신재각 작사
신재홍 작곡
조정현 노래

그 대 여 — 여 — 기　　바 다 가 — 보 이 고 —　　　많 은 사 람 들 은　한
붉 어 진 — 노 — 을　　떠 나 는 — 사 람 들 —　　어 떤 생 각 들 이　그

가 지 씩 —　좋 은 추 억 에 —　　　바 다 — 를 더 — 욱　아 름 답 게 — 하 지 만 —
들 만 의 —　사 랑 인 건 지 —　　　바 다 — 는 더 — 욱　애 잔 하 게 — 보 이 고 —

그 대 여 —　다 — 시　　돌 아 온 이 바 — 닷　가 —　　그 대 떠 나 간 —　조 금 은
한 번 쯤 —　내 — 게　　미 소 라 도 띄 — 워　줄 —　　그 대 얼 굴 이 —　조 금 은

슬 픈 추 억 때 문 에　　　나 만 — 이 홀 로　쓸 쓸 히 느 껴 지 — 는　가
슬 픈 우 리 사 랑 에　　　붉 어 — 진 바 다　저 편 에 사 라 지 — 는　가

안녕이라고 말하지마

박광현 작사 · 작곡
이승철 노래

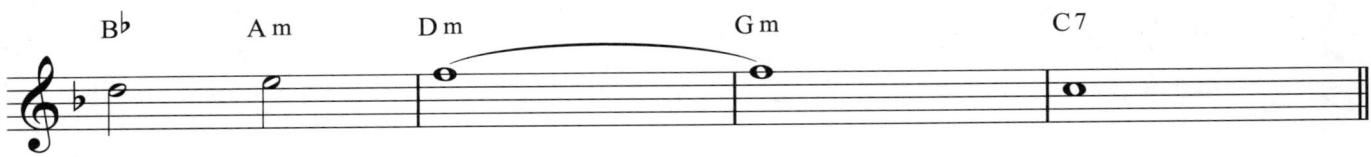

소 리 내 - 지 마 -   우 리 사 랑 -   이 날 아 가 - 버 려
애 기 하 - 지 마 -   우 리 사 랑 -   을 누 가 듣 - 잖 아

움 직 이 지 마 -   우 리 사 랑   - 이   약 - 해 지 - 잖 아 -
다 가 오 지 마 -   우 리

사 랑   - 이   멀 - 어 지 - 잖 아   안 녕 - 이 라 고

말 - 하 지 - 마 나 는   너 를 보 고   있 - 잖 아 - 그 러

186

F Gm Am C7
나 자꾸 눈 - 물이 - 나서 널 볼수 가 - 없어 -
F Dm B♭ C7
안녕 - 이라고 말 - 하지마 우린 아 - 직 이 별이 뭔지 몰라
F Am Dm B♭
-
C7 B♭ Am
Dm Gm C7
D.S.(No Rep)
F Dm B♭ C7
- 안녕 - 이라고 말 - 하지마 우린 아 - 직 이 별이 뭔지 몰라
B♭ Am Dm Gm C7 F
-
rit.

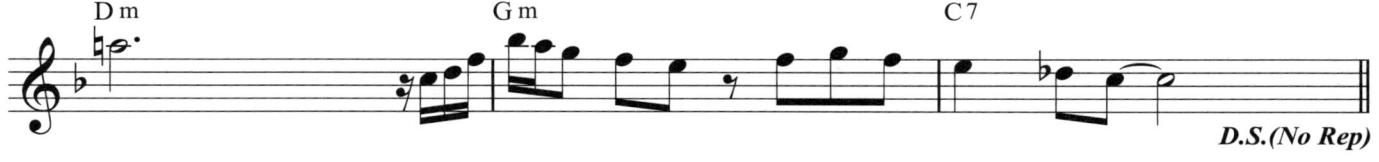

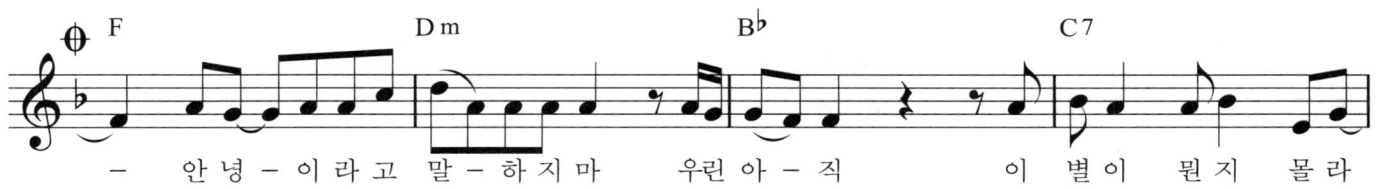

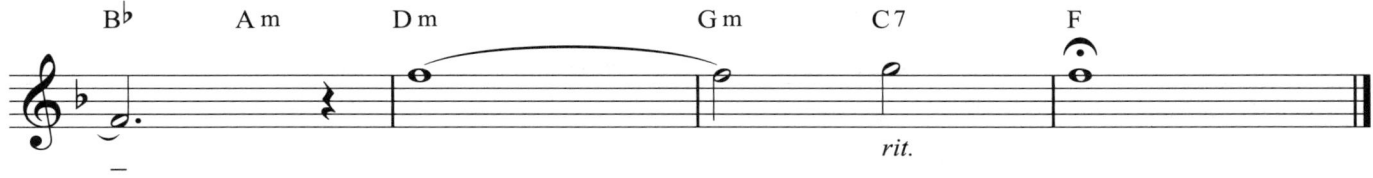

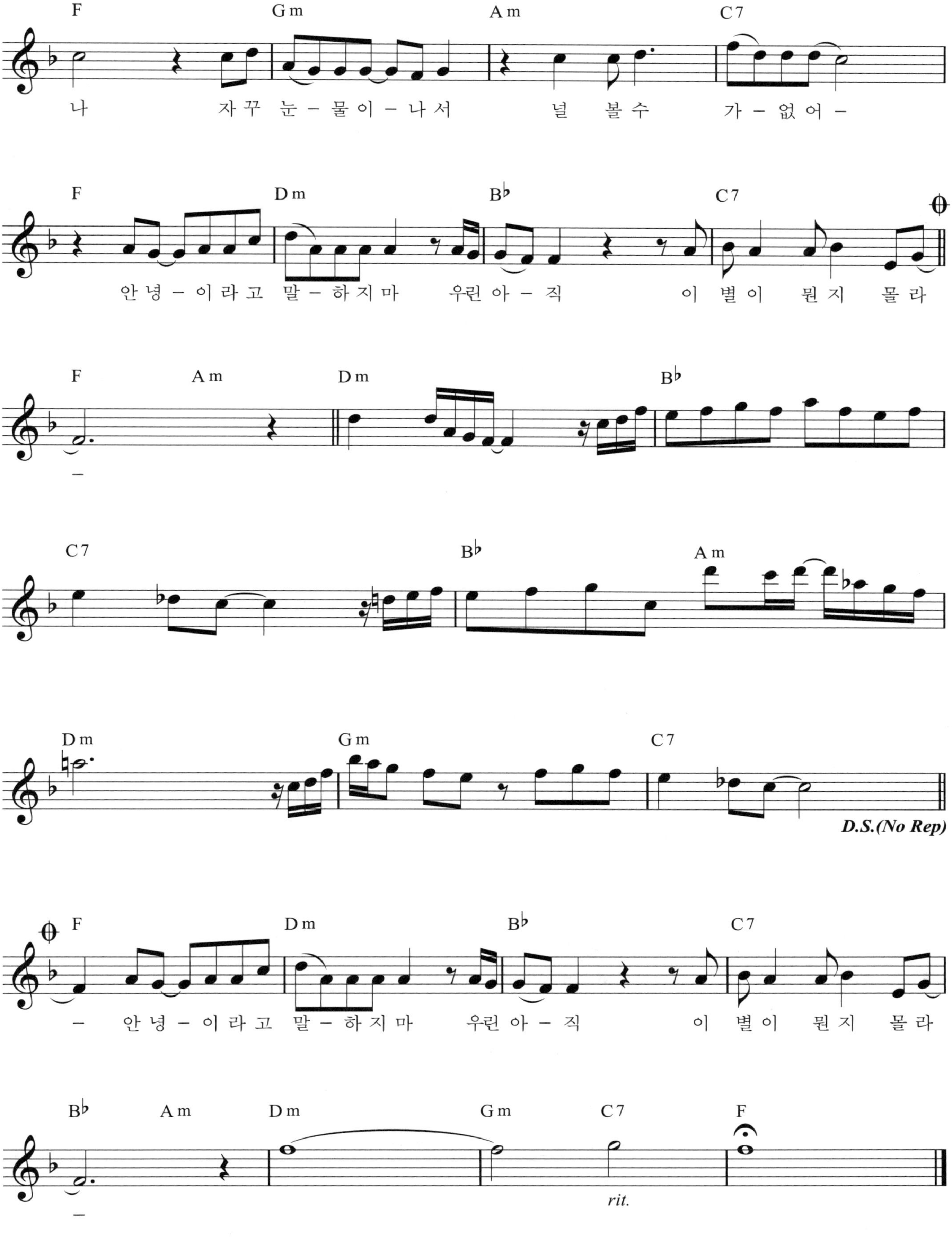

애인있어요

최은하 작사
윤일상 작곡
이은미 노래

아 직 도 넌 혼 잔 거 니 - 물 어 보 네 요 난 그

저 웃 어 요 사 랑 하 고 있 죠 사 랑 하

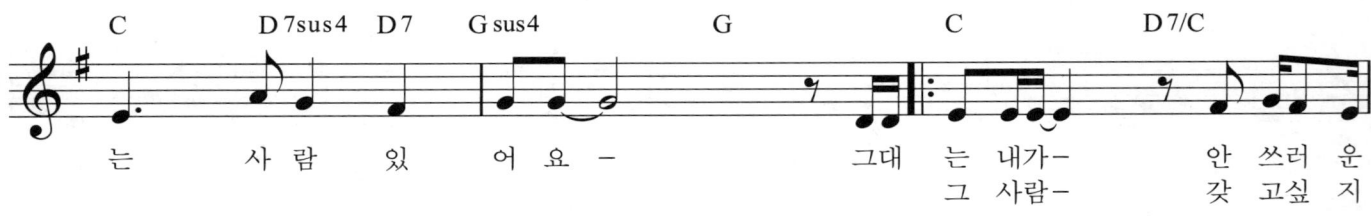

는 사 람 있 어 요 - 그대 는 내가 - 안 쓰 러 운

그 사 람 - 갖 고 싶 지

건 가 봐 좋 은 사 람 있 다면 - 한번만 나 - 보라 말 하죠 그댄

않 아 요 욕 심 나 지 않 아요 - 그냥 사 랑 - 하 고 싶 어요 그댄

188

모 르죠- 내 게도 멋진 애 인이-있 다 느는걸 너 무소-중 해- 꼭숨 겨

두 -었 죠 그 사 람 나 만볼- 수 있 어요- 내 눈에- 만
죠 나 혼자- 아 닌 걸요- 안 쓰러- 워

보여요 내입술에 영원히 담 아- 둘 거 야- 가끔 씩 차오르 느는눈- 물
말아요 언젠가는 그사람 소 개- 할게 요- 이렇게 차오르 느는눈- 물

만- 알 고있- 죠 - 그 사람그 대 라는걸 -
이- 말 하나 - 요 -

나는 라는걸 - 알 겠

라는걸 -

189

오늘같은 밤이면

박정운 작사 · 작곡
박정운 노래

오 늘 같은 밤 이면 — 그대를 나 의 품에 가 — 득 안고 서

— 멈 춰 진 시간—속 에— — — 그대와

영 원 토록 머 — 물 고싶 어 —

D.S. al Coda

기나긴

오 늘 같은 밤 이면 — 그대를 나 의 품에 가 — 득 안고 서

— 멈 춰 진 시 간—속 에— — — 그대와 영 원 토록 머 — 물 고싶 어 —

우 — — — — 우 — — —

F.O.

191

이미 그댄

김현철 작사 · 작곡
박학기 노래

무 리 - 아 니 - 라 고 해도 - 이
참 을 - 다 시 - 생 각 해도 - 이

제 는 - 어쩔 - 수 없네 - ---- 이
제 는 - 돌 릴 - 수 없네 - ----

미 그 댄 - 나의 사 람 이 아 - --닌 걸 - 한

192

이밤을 다시 한번

조하문 작사 · 작곡
조하문 노래

아주

우 연하– 만나   슬픔만 안 겨 준 사람–   내 맘 속에– 작은 촛 불– 이되 어   보고

싫 어 질 때 면   두눈을 감아 버 려요–   소리 질러 – 불러보고 –싶지 만
만 낙 엽 들 이   땅위에 떨어 지 듯이–   내– 맘은 – 갈–곳이 –없 어 요

어 디–에 선– 가 당 신모– 습이–   다가 오   는 것 같 아 이 젠   견 딜수 없

어요–   이 밤을 이밤을   다 시 한번–   당 신 과 보낼– 수 있 다

–면 – – – – ––   이 모든 이모든내사 – 랑–을   당 신 께드리– 고싶어

요 _   조그

요 _ 이 요 _ _

이별이래

박건호 작사
최종혁 작곡
유 열 노래

조용

한　　　그대 의 눈동자－　말없 이　　　서있 는 내모습－　　　이렇 게　　　가 까 이
에　　　흐르 는 조각달－　강물 에　　　어리 는 그림자－　　　세상 은　　　변 한 게

있는데－　　　이것 이　　　이별 이 래　　　　하 늘
없는데－　　　이것　　　　　　　　　　　이　이별－이 래

이 －제는다 시－볼수 없 는　　　그대 의－슬 픈 얼굴－　　　세 － 월이 흐 른

뒤 에－　　　하 얗게지워 질 까　　　추억 이　　　밀려 와 쌓이는－ 우리

의　　　남겨 진 시간들－　　　이대 로　　　발 길을 돌리면－　　　이것 이　　　이별－이

래

D.S.

195

이별 여행

김기호 작사
신재홍 작곡
원미연 노래

투명한너─ 의눈─ 빛이─ 어쩐지부─ 담 스 러워

─ 아무런말─ 도 못 하고 ─ ─ 창가에 기 대어─ 바

라 보네─ ─ 이렇게떠─ 나가─ 지만 ─ 너에게정─ 말 미 안해

─ 하지만언─ 제 까 지나 ─ 너를 잊 을수─ 없

을 거야─ ─ 벽 에걸─ 린 그 림처─ 럼─ 너는

196

인연

이승철 작사
윤일상 작곡
이승철 노래

눈 을 떠바— 라보—아요— — 그대— 정 —말 가—셨나

요 ——— 단 한 번 보내 —준 — 그대

눈 빛 은날사 랑 했 나요——— 또 다 른사— 랑이—와도—
날 위 해태— 어난—사람—

— 이젠— 쉽 —게 허 락 되진—않 아 — ——— 견 디
— 그대— 이 —젠 떠 —나 줘요 ———— 힘 들

기 힘 든 — 건 — 운명같 은 우 연을— 기다
어 지 쳐 — 도 — 그댈그 리 워 하며— 살아

려요 ——— 지 워 질 수 없 는 아 픈기—억들 — 그리
가요 ———

198

워 하면— 서도— 미워 하 면서—도 난 —널 너무사랑했 었나— 봐요
그 —댈 날 사랑할순없 었나— 봐요

— 그댈 — 보고싶은만 큼후—회 되 겠죠— 오 —————
— 이젠 — 그저바라볼 수밖—엔 없 겠죠— 오 —————

같은운명처 럼다—시 만 난 다 면—— 서 러 웠 던 눈 물이— 가슴
나 살아가는동 안다—시 만 난 다 면—— 차 마

속 에깊 이남 아 있 — 겠죠

볼 수 없 음에— 힘 겨 운눈 물을— 흘

리죠 나는 정말그댈— 사랑 —해—요— —

입영열차 안에서

박주연 작사
윤 상 작곡
김민우 노래

잇혀진 계절

박건호 작사
이범희 작곡
이 용 노래

지금도 기억하고 있어요　시월의 – 마지막 밤을

뜻 모를 이야기만 남긴 채　우리는 헤어졌 – 지요

그 날의 쓸쓸했던 표정이　그대의 진실인가요　한마

디　－변명도 못하고－　잊혀져야 하는 건가요　ㅡㅡㅡ

언제나 돌아오는 계절은－　나에게 꿈을 주지 – 만

이룰 수 없는 꿈은 슬퍼요　나를 울려 요

텅빈 거리에서

정석원 작사 · 작곡
015B 노래

내곁

에 머물러 줘요   말을 했지만   수 많은 아픔만을 남긴 채   떠나—
한 밤 바람 속에   그 대 그 리 워   수 화기를 들어 — 보지 만   또 다—

간   그 대 를-잊 을 수 는 없 어 요   기 나 긴 세 월 이 흘 러 도   싸늘
시   끊 어 버 리 는 여 린 가 슴 을   그 댄 이 젠 알 수 있 나

요   유 리 창   사 이 로 비 치 는   초 라 한 모 습

은   오 늘 도 변 함 없 지   만 오 늘 은   꼭 듣 고 만 싶

어   그 대 의 목 소 리   나 에 게 다 짐 을 하   며 떨 리

202

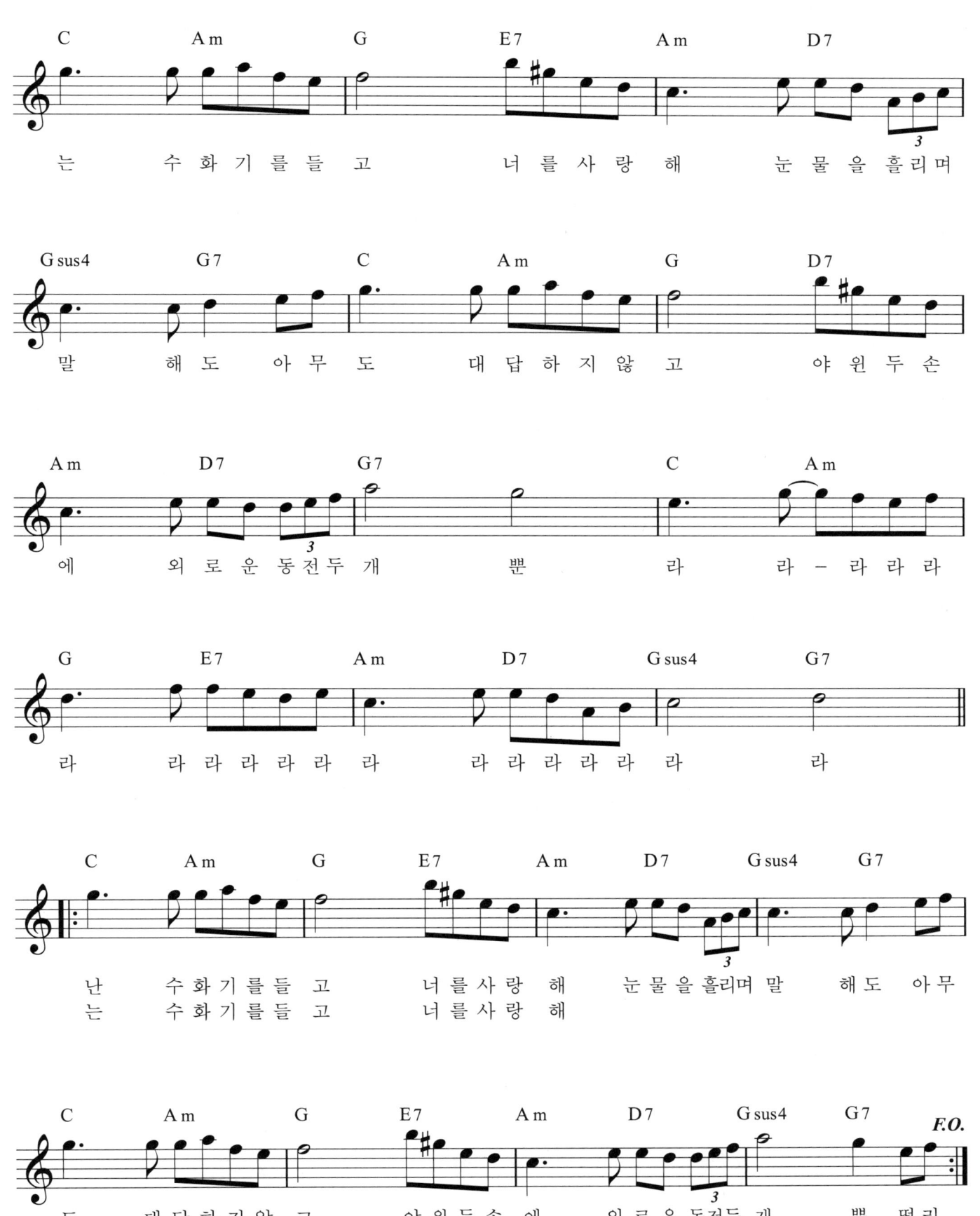

는　　　수 화 기 를 들 고　　　너 를 사 랑 해　　　눈 물 을 흘 리 며

말　　　해 도 아 무 도　　　대 답 하 지 않 고　　　야 윈 두 손

에　　　외 로 운 동 전 두 개　　　뿐　　　라　　　라 - 라 라 라 라

라　　　라 라 라 라 라 라 라　　　라 라 라 라 라 라　　　라

난　　　수 화 기 를 들 고　　　너 를 사 랑 해　　　눈 물 을 흘 리 며 말　　　해 도 아 무
는　　　수 화 기 를 들 고　　　너 를 사 랑 해

도　　　대 답 하 지 않 고　　　야 윈 두 손 에　　　외 로 운 동 전 두 개　　　뿐 떨 리

203

친구여

하지영 작사
이호준 작곡
조용필 노래

꿈

은 　　 하늘에서잠 자 고— 　　 추 억 은 　　 구 름 따 라 흐
일 　　 생 각 이 날 때 마 다— 　　 우 — 린 　　 잃 어 버 린 정

르 고 　　 친 구 여 　　 모 습 은 어 딜 갔 　 나 　　 그 리
찾 아 　　 친 구 여 　　 꿈 속 에 서 만 날 　 까 　　 조 용

운 　　 친 구 여 　　 옛 히 　　 눈 을 감 네

슬 픔 도   기   쁨 도   외 로 움 도

함 께 했 지   부 푼 꿈 — 을 안 고

내 일 을 — 다 짐 하 던 —   우 리 굳 — 센 약 속

어 디 에 —   꿈 은   하 늘 에 서 잠 자 고 —   추 억

은   구 름 따 라 흐 르 고   친 구 여   모 습 은 어 딜

갔 나   그 리 운   친 구 여

옛

D.S. al Coda
(No Rep.)
rit.

하나의 사랑

조은희 작사
김지환 작곡
박상민 노래

가 슴속 — 에차 — 오르 — 는 그 대

이 렇게 외 면하 — 진 — 마 — —

나 는 — 이미 알 고있 — 잖 아 —

그 댈원 — 하고 — — 있 — 어 날

207

화분

강현민 작사 · 작곡
알렉스 노래

멀리서 멀리서 멀리서 — 그대 가오 — 네요
멀리도 멀리도 멀리도 — 그대 가가 — 네요

이 떨리는 마음 — 을어 — 떻게
떨어지는 눈물 — 을어 — 떻게

말해 야하 — 나요 — 그 댄 처음부 — 터 나
달래 야하 — 나요 — 그 댄 처음부 — 터 나

의 — 마음 을빼 — 앗 — 고 — 나 을 수없 — 는 병 — 을내 — 게
의 — 마음 을가 — 졌 — 고 — 나 을 수없 — 는 병 — 을앓 — 게

주 었죠 화분 이될 — 래요 — 나 는 늘 기도 하 — 죠
한 거죠 화분 이되 — 고픈 — 난

그 대작 — 은창 — 가에 — 화 분 이될 — 래요 — 아 무 말 못 해도 — 바

랄 수 없 어도 — 가 끔 그대 — 의미 — 소와 — 손 길 을받 — 으며 — 잠

든 그대 — 얼 굴 — 한 없 이볼 — 수 있 — 겠 — 죠 —

1. C M7

흐린 가을 하늘에 편지를 써

김창기 작사 · 작곡
동물원 노래

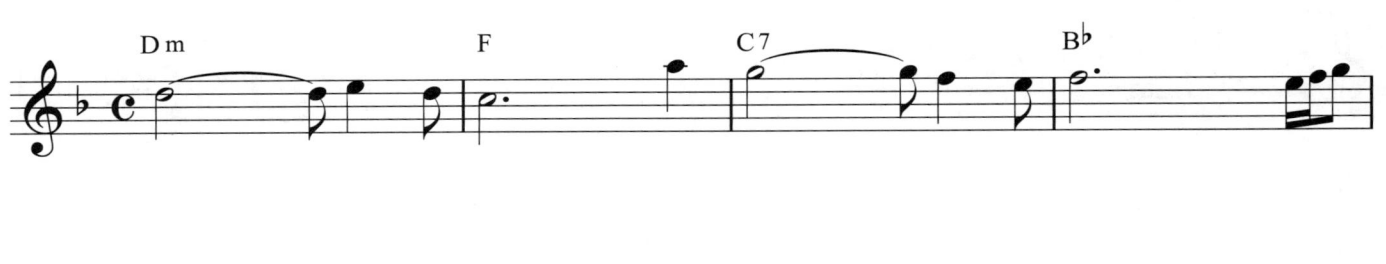

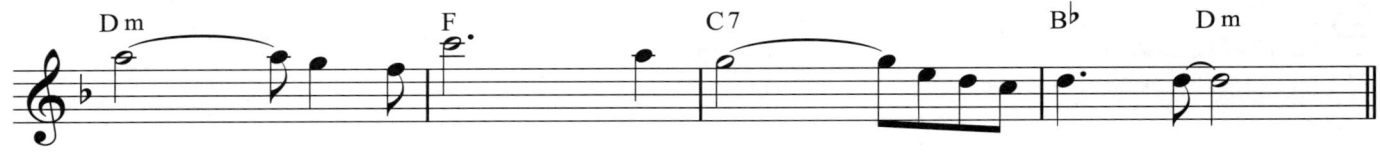

비가내리 면— 음 나를둘 러싸— 는 시간 의— 숨결 이—
바람이불 면— 음 나를유 혹하— 는 안일 한— 만족 이—

떨 쳐 질까— 비가내리 면— 음 내가간 직하— 는
떨 쳐 질까— 바람이불 면— 음 내가알 고있— 는

서글 픈— 상 념이— 잊혀 질까— 난 책을접어 놓—으며
허위 의— 길 들이— 잊혀 질까—

창 문을 열어— — 흐린 가 을하— 늘에— — 편 지를— 써 —

210

음 잊혀져간 꿈—들을 다 시만— 나고— 파 흐린 가 을하— 늘에— —

편 지 를 써 — 음 음 잊혀져간 꿈—들은 다 시만— 나고— 파 흐린

가 을하—늘에 — — 편 지를 써 —

난 책을접어 놓—으며 창 문을— 열어— — 흐린 가 을하— 늘에 — —

편 지를— 써 — 음 잊혀져간 꿈—들을 다 시만— 나고— 파 흐린

가 을하— 늘에——— 편 지를 써 — 음 잊혀져간 꿈—들을

다 시만— 나고—파 흐린 가 을하— 늘 에— — 편 지를— 써 —

D.S. & F.O.

My Destiny

전창엽 작사
진명용 작곡
린 노래

나 다시허 락한― 다―

면 그 댈 다시볼수있――다 면 내 지난기억속― 에―

서 그―아픔속― 에― 서 그 댈 불 ―러 You―'re my des―ti―ny― 그

―댄― You―'re my des―ti―ny― 그 댄―― You―'re my

eve―ry―thing― 그대 만 보 면서― 이렇게 소 리없― 이불― 러 봅 니―

다 You―'re the one my―love 그 ―댄― You―'re the one my―love 그

댄―― You're my de―light of all ― 그대 는 영 원한― 나―의 사랑― 이

―죠― 내 곁에다 가와――줘

212

주요 코드표

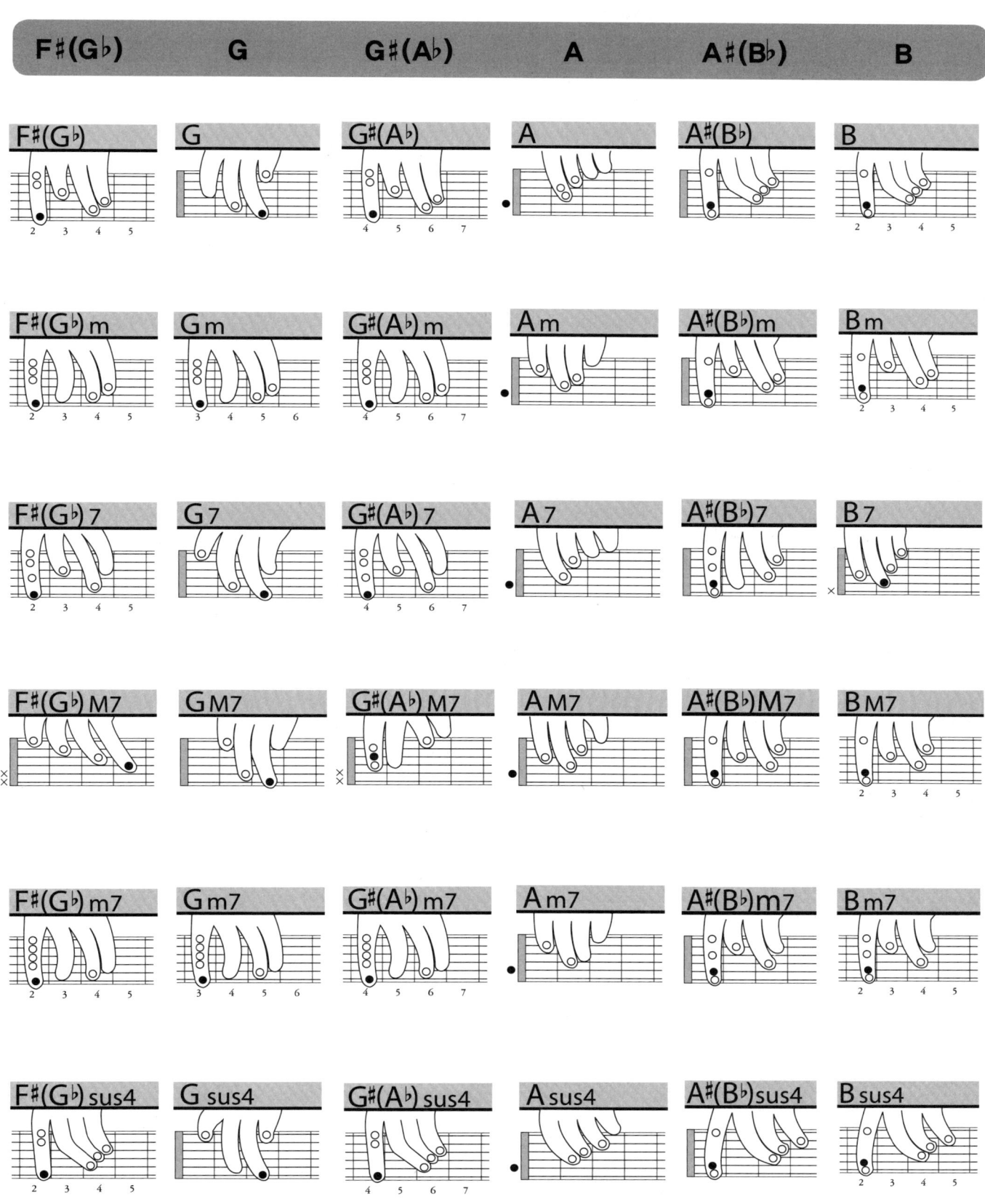

통기타 · 건반 쉽게 연주할 수 있는 노래

나만의 발라드

발행일 2026년 1월 20일
발행인 남 용
편저자 일신음악연구회
발행처 일신서적출판사
주 소 서울시 마포구 독막로 31길 7
등 록 1969년 9월 12일 (No. 10-70)
전 화 (02) 703-3001~5 (영업부)
       (02) 703-3006~8 (편집부)
F A X (02) 703-3009
I S B N 978-89-366-2916-8 (93670)

©ILSIN 2026
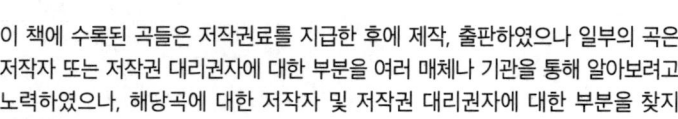
www.ilsinbook.com